孙晓云 书

许结 主编

江苏凤凰美术出版社

目录

第二辑 商贸行旅 驼铃传奇

第四辑　龙江樯帆　运通八极

第五辑　协和万邦　四海同体

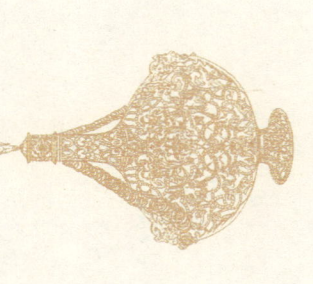

许结 文

天山碧海　丝路情深

中国古代历史上有一条路，既真实，又虚拟；既有明确的行进线路，又有着更为广泛的文化意义，那就是『丝绸之路』。中国文化最着重的是『道』，道即路。人生通途谓之康庄大道，人生曲折或谓羊肠小道。《诗经·大雅·大东》所言『周道如砥，其直如矢』，亦此之谓。古代区域治权有『道·路制』，唐代道制如京畿道、陇右道等，宋代路制如京东路、京西路等，提升到文化政治的高度，也就是：《礼记·礼运》所说的『大道之行也，天下为公』的理想，《易·系辞》所谓『仰以观于天文，俯以察于地理』，孔颖达疏『地有山川、原隰，各有条理，故称理也』的普遍意义。而作为具体的丝绸之路（简称丝路），一般指陆上丝绸之路，广义上讲又分为陆上丝绸之路和海上丝绸之路。陆上丝绸之路源于西汉（前202—公元8）汉武帝派张骞出使西域开辟的以首都长安（今西安）为起点，经甘肃、新疆，到中亚、西亚，并连接地中海各国的陆上通道（东汉时期丝绸之路的起点在洛阳）。其最初的作用是运输中国古代出产的丝绸，到明朝时期已成为综合的贸易之路。中国古代的『丝路』作为世界文化的共识，初见于德国地质地理学家李希霍芬在1877年出版的著作《中国》中，其把『从公元前114年至公元127年间，中国与中亚、中国与印度间以丝绸贸易为媒介的这条西域交通道路』命名为『丝绸之路』，这一名词被学界与民众接受并正式应用。而『海上丝绸之路』则是古代中国与外国交通贸易和文化交往的海上通道，该丝路主要以南海为中心，所以又称『南海丝绸之路』。海上丝绸之路形成于秦汉时期，发展于三国至隋朝时期，繁荣于唐、宋、元、明时期，是已知的最为古老的海上航线。2014年6月22日，中、哈、吉三国联合申报的陆上丝绸之路的东段『丝绸之路：长安—天山廊道的路网』成功获准为世界文化遗产，成为首例跨国合作而成功申遗的项目。由具象到抽象，自然会从沙漠驼铃、南海樯帆引申到更为广阔的中外交流的历史印记，比如明朝初年郑和由南京龙江造船厂出发开启的下西洋商贸之旅，自然也纳入了广义的丝路记忆。某年，我的一位研究生报名去新疆支教，临行时我赠诗有句云『天山连碧海，遥映石头城』，其天山与碧海正是陆上与水上丝路的视点，而历史上文人对此现象之描写所呈现的『丝路情』，也赋予了特殊的文学襟抱与历史张力。

丝路胜迹，留下的是自然景观与人文景观的交融，更是一种珍贵的文明记忆。在史传文学中，古代有关丝路的记载很多，例如班固撰写的《汉书·张骞传》叙述张骞通西域时，在行经大夏国途中，看见市场有邛竹杖与蜀布，就问当地人从何而来？大夏国人的回答是：『吾贾人往市之身毒国。身毒国在大夏东南可数千里。其俗土著，与大夏同，而卑湿暑热。其民乘象以战。其国临大水焉。』因此张骞猜想：『大夏去汉万二千里，居西南。今身毒又居大夏东南数千里，有蜀物，此其去蜀不远矣。今使大夏，从羌中，险，羌人恶之；少北，则为匈奴所得；从蜀，宜径，又无寇。』而大宛、大夏、安息诸国又多奇物，同时又贵重汉朝的财物，加上北边的大月氏、康居等国的情况，也可『设利朝』（贸易）。汉武帝对张骞所见所闻以及其相关建议十分赞许，于是制定了开发『西南夷』的战略构想。这里由人文景观联想到商品贸易，既是当时行人的真实记录，又有着国际交流的文明记忆。如果说在汉朝丝路主要以张骞通西域为代表的陆地路线，到了宋元以后海洋交通的发展，海上丝路又为人们拓展了自然与人文的景观。比如张廷玉等编撰的《明史·郑和传》，记录了三保太监郑和七下西洋的经过，其『所历占城、爪哇、真腊、旧港、暹罗、古里、满剌加、渤泥、苏门答剌、阿鲁、柯枝、大葛兰、小葛兰、西洋琐里、琐里、加异勒、阿拨把丹、南巫里、甘把里、锡兰山、喃渤利、彭亨、急兰丹、忽鲁谟斯、比剌、溜山、孙剌、木骨都束、麻林、剌撒、祖法儿、沙里湾泥、竹步、榜葛剌、天方、黎伐、那孤儿，凡三十余国』，而『所取无名宝物』，也是『不可胜计』。郑和从金陵造船厂出发，一直抵达非洲的好望角，所观景，所行事，所获物，所识人，行远而旷视，既为历史留下珍奇的念忆，也为相关的传记文学增添了丰富的情感内涵。这种情感的书写在诗人的笔下，尤多遥远的想象与浪漫的怀思。比如唐代诗人骆宾王《边庭落日》诗中的『紫塞流沙北，黄图灞水东』，是边关自然景观的描写；『一朝辞俎豆，万里逐沙蓬』，是出使塞外的人文情怀；『壮志凌苍兕，精诚贯白虹』，则表达了诗人追慕先行者的高远志趣。同样，李白的《关山月》描绘的『明月出天山，苍茫云海间。长风几万里，吹度玉门关……汉下白登道，胡窥青海湾』，既有天山明月的高冷，又有云海苍茫的气象。而与『白登道』『青海湾』相关联的『玉门关』作为一地名的象征意义，则寄托了多少诗人的情志与历史的回响。而李益《塞下曲》的『朝暮驰猎黄河曲』的思绪，『燕歌未断塞鸿飞，牧马群嘶边草绿』的情景，也代表了大唐气象的丝路书写。清代诗人洪亮吉的《天山歌》融自然与人文、历史与现实为一体，如谓『地脉至此断，天山已包天。日月何处栖，总挂青松巅。控弦纵逊骠骑霍，投笔或似扶风班』，其中的汉将霍去病、班超的神勇与志向，在古与今的叠映中呈现出一种著我的精神。至于施补华的《伊拉里克河水利》所云『海族群吹浪，疆臣远负戈。田功相与劝，水利至今多』，这对丝路途中人文景观的讴歌，代表了清代一批流寓边疆的臣工共有的家国情怀与积极心态。

古老商贸行旅于关塞边陲，雪泽大漠留下的驼铃声声，至今仍像一曲曲的联翩乐章，唤起人们对那一段段传奇故事的感念与怀想。清代史地学家徐松在所撰《新疆赋》中有『北疆』与『南疆』的大量描写，其中写新疆南路集市贸易以及歌舞竞技时堪称精彩夺目：『若夫七日为墟，百物交互，征逐奇赢，奔驰妇孺。则有红花紫矿，黄芽白附，蛤粉堆青，晶盐耀素，鸡舌含香，马乳垂露……迷迭兜纳，珊瑚玻璃，咸梯航而入市，列阛阓而炫奇……逢正岁，度大年，骑沓沓，鼓鞳鞳。凹睛凸鼻，溢郭充廛。场空兽舞，匏巨灯圆。兜离集，裘帕联，丸剑跳，都卢缘，奏七调，弹五弦，吹觱篥，掬毛员，跨高楔，歌小天。末陀酿酒，腾格分钱。得斯挞之嶷嶷，额色之翩翩。』赋写百物交互、宗教庆典、歌舞表演，还有『凹睛凸鼻』的异色人等和异域风情，可谓丝路商旅中的一个特写。而作者在描摹北疆商贸盛况后，语锋一转，继谓『是博望（张骞）不得修略于致远，翁孙（赵充国）不得擅美于屯田』。又以汉人通西域的故事，彰显商贸中的德化精神。这种由商贸带来的文化交流，在古人的笔下又被诗化成汉唐气象与异域风情。汉武帝刘彻因得大宛国汗血马而作《天马歌》云：『天马徕兮从西极。经万里兮归有德。承灵威兮降外国。涉流沙兮四夷服。』唐人杜甫作《高都护骢马行》，诗中有云：『安西都护胡青骢，声价歘然来向东。此马临阵久无敌，与人一心成大功。功成惠养随所致，飘飘远自流沙至。雄姿未受伏枥恩，猛气犹思战场利。腕促蹄高如踣铁，交河几蹴曾冰裂。五花散作云满身，万里方看汗流血。长安壮儿不敢骑，走过掣电倾城知。』同样的『流沙』，不同的时代；同样的『天马』，共有的雄姿。在诗意的历史画幅中，时空的变化永不可掩的是驼铃声声中那艰辛而又快适的征程。明人王世懋《华夷互市图》通过一幅图画的描写，真实地反映了中外商品互市的社会情形，如谓『大漠高空寂建牙，两军相见醉琵琶。天闲苜蓿多羌种，胡女胭脂尽汉家。云里射生旋入市，日中归骑不飞沙』。其『羌种』的『苜蓿』、『汉家』的『胭脂』与『胡女』的迭应，落点于『入市』，既空灵如诗，又切实如境。而黄景昉的《京师城隍庙市》则着眼于国都城隍庙的商品市场，展现了当时的异域商人与外贸产品：『黄金百如意，但向燕市趋。燕市何所有？燕市何所无？大寮青琅玕，中使锦氍毹。呵声填道路，竞过波斯胡。波斯坐上头，呼使碧眼奴。木客来秦地，鲛人出海隅。』水陆二道的商品汇集京师，既丰盛，又新颖。清代朝臣纪昀谪戍新疆乌鲁木齐时，不仅写有《乌鲁木齐赋》，还创作了一组《乌鲁木齐杂诗》。每首诗或写一物品，如：写葡萄有『蒲桃法酒奠重陈，小勺鹅黄一色匀。携得江南风味到，夏家新酿洞庭春』；写哈密瓜有『甘瓜别种碧团栾，错作花门小笠看。午梦初回微渴后，嚼来真似水晶寒』；写水产有『凯渡河鱼八尺长，分明风味似鲟鳇。西秦只解红羊鲊，特乞仓公制脍方』；等等。在当时来看，都是中土较少的异域奇珍。胡长龄的《哈密瓜赋》专写一物，更为细致，如『则有皮滑绿沉，瓤蒸黄栗，冰齿浆寒，镇心香溢。熟及秋期，荐当冬日。远逾秦谷之侼，迥匪巫山之匹。厥产殊方，是名哈密』，观其象而考其名；又谓『涤心清，解吻燥，无须大谷之梨，不羡安期之枣。劚玉版兮冬鲜，剪晚菘兮秋老。方奉橘兮使来，待传柑兮节早。供玉食而绨巾，赐尚方而襟抱』，则论其用而赞其方。这些具体而生动文学化的描述，既是作者对现实美物的品味，也是对历史记忆的追寻。

文化发展史的本质就是文化交流史，中国历史上胡风汉家，邦畿千里的现象与思想，又尝交融于民族的生活，构成丰富多彩的社会画卷。早在汉武帝建元六年（前135）张骞出使西域『身所至者，大宛、大月氏、大夏、康居，而传闻其旁大国五六』（《史记·大宛列传》），打通了中原通往西域的河西走廊。十九年后（元狩四年），他再次出使西域，开辟中西交通的丝绸之路，使『商胡贩客』『日款于塞下』（《史记·西域列传》）。到了唐代，尤其是以帝都长安为政治经济中心对胡文化诸如胡曲、胡舞、胡语、胡服、胡店、胡姬等的兼容，让汉家胡风得以集中地体现。这不仅使外域的民族生活习俗为中土所了解，而且在不断地发展过程中互为交融。如《史记·大宛列传》记述安息国『其俗土著，耕田，田稻麦，蒲陶酒。城邑如大宛。其属小大数百城，地方数千里，最为大国。临妫水，有市，民商贾用车及船，行旁国或数千里。以银为钱，钱如其王面，王死辄更钱，效王面焉。画革旁行以为书记』等，对其风俗习惯均有真实的载记。在文学作品中，如晋人傅玄的《三胡赋》所描绘的『莎车之胡，黄目深睛，员耳狭颐。康居之胡，焦头折頞，高辅陷无，眼无黑眸，颊无余肉。罽宾之胡，面象炙猬，顶如持囊，隈目赤皆，洞頞卬鼻』，所写『三胡』不同人物的形象，新奇而滑稽，其中虽不乏文学性的夸张，但也反映了不同民族颇为真实的面貌。而不同区域之民族的交往，随着交通的日益便捷也更加频繁。北魏温子升的《凉州乐歌》是这样描写的：『远游武威郡，遥望姑臧城。车马相交错，歌吹日纵横。路出玉门关，城接龙城坂。但事弦歌乐，谁道山川远。』千里咫尺，胡汉一家，随着丝路距离的拉近，也变得司空见惯了。唐代宫廷舞蹈偏好胡舞，其中尤以胡腾与胡旋两种舞姿为盛，而在当时诗人的笔下则留下了生动的影像。如李端《胡腾儿》诗中的描写：『胡腾身是凉州儿，肌肤如玉鼻如锥。桐布轻衫前后卷，葡萄长带一边垂……扬眉动目踏花毡，红汗交流珠帽偏。醉却东倾又西倒，双靴柔弱满灯前。环行急蹴皆应节，反手叉腰如却月。』舞者的身段与姿态，惟妙惟肖地呈现于前。又如白居易的《胡旋女》诗写道：『胡旋女，胡旋女，心应弦，手应鼓。弦鼓一声双袖举，回雪飘飖转蓬舞。左旋右转不知疲，千匝万周无已时。人间物类无可比，奔车轮缓旋风迟。曲终再拜谢天子，天子为之微启齿。胡旋女，出康居，徒劳东来万里余。』诗写舞者，有叙事，有描绘，既写出胡旋舞的表演特征，也展现出诗人身历其境的感受。李颀的《听安万善吹觱篥歌》讴吟的歌词是『变调如闻杨柳春，上林繁花照眼新。岁夜高堂列明烛，美酒一杯声一曲』，将异域的觱篥歌纳入汉廷的上林苑，也是一种民族交融的艺术书写。

海上丝绸之路的开通，从地理意义来讲是由域外向海外的延伸，从文化意义来讲更是新的世界观的拓展。自中国宋元时期海上交通的开拓，中外商旅通过海上通道进行商品交易与文化交流日益频繁，如阿拉伯商人从海上抵达中国南方，福建泉州成为海上丝路的重要港口。宋代周去非《岭外代答》记述海外诸蕃国，认为：『诸蕃国大抵海为界限，各为方隅而立国。国有物宜，各从都会以阜通。正南诸国，三佛齐其都会也。东南诸国，阇婆其都会也。西南诸国，浩乎不可穷，近则占城、真腊为窊里诸国之都会，远则大秦为西天竺诸国之都会，又其远则麻离拔国为大食诸国之都会，又其外则木兰皮国为极西诸国之都会。三佛齐之南，南大洋海也。海中有屿万余，人莫居之。愈南不可通矣。阇婆之东，东大洋海也，水势渐低，女人国在焉。愈东则尾闾之所泄，非复人世。稍东北向，则高丽、百济耳。』元代汪大渊《岛夷志略》记述海外诸岛区域情形，如谓『浡泥』云『夏月稍冷，冬乃极热。俗尚侈。男女椎髻，以五彩帛系腰，花锦为衫。崇奉佛像唯严。尤敬爱唐人，醉也则扶之以归歇处』，言其风俗信仰；『民煮海为盐，酿秫为酒。有酋长，仍选其国能算者一人掌文簿，计其出纳，收税，无纤毫之差焉。地产降真、黄蜡、玳瑁、梅花片脑。其树如杉桧，劈裂而取之，必斋浴而后往。货用白银、赤金、色缎、牙箱、铁器之属』，言其生产生活。而明初郑和七下西洋，明人严从简在其《殊域周知录·题词》中说『明兴文命，诞敷宾廷，执玉之国，梯航而至。故怀来绥服，宝册金函，灿绚四出，而行人之辙遍荒徼矣』；又该书卷七引录金幼孜因明洪武十六年（1383）占城王贡瑞象献赋云『仁布寰宇，化周六合，是以扶桑月窟之境，雕题穷发之地，莫不梯山航海，奔走来贡』，其虽囿于传统的朝贡思想，但所述海上丝路交往，则是真实的影像。对郑和下西洋的壮举，诗人颇多歌咏，如清人潘德舆《静海寺》诗『龙江烟水秋茫茫，静海寺外千帆樯。眼前江水等一勺，寺僧为我谈西洋。荷兰真腊久入贡，雄心未餍明文皇。刑余之臣佐远驭，戈船直指西南荒』，其中『龙江』点明出发地；『帆樯』说明海上行舟；『西洋』乃出海航程；『远驭』、『雄心』形容此行的目的与意志。由于海上丝路的开拓，中国人的海洋意识也发生了巨大的变化。早期农耕经济的田土意识与大陆型文化，使其海洋功用意识缺失，人们仅视之为『逃薮』或『想象』。如『道不行，乘桴浮于海』（孔子语），『海客谈瀛洲，烟波浩茫信难求』（李白诗句）。自唐宋以后，航海日甚，观念也在潜移，在唐诗中已有航海壮语，如『地尽年深始到船，海里更行三十国』（刘言史诗句）。到明清时期，这类讴歌海上行舟、国际交流的诗作与日俱增。其中或歌颂当代远胜前朝的航海举措，如清代李征熊的《海船行》：『山如砺，河如带，我朝车书大无外。东渐西被朔南暨，四海茫茫与天际。番国波臣群稽颡，职方年年图王会。翁洲东南第一关，汪洋波涛通万派。清晨放去流求船，飞烟一道金崎界。更历闽广达安南，扬帆西上路迢递。马膝暹罗噶喇吧，弥漫天风惊砰湃。柔佛吕宋啫吪吗，纷纷岛屿列海裔。深目长鼻椎髻来，百物罗罗凭市侩。扶桑之东虞渊西，竞向中华献珍怪。氍毹毾㲪缎羽毛，多罗斗缕布火毳。白檀青木阿萨那，乌卵象牙间玳瑁。鹦鹉如雪或如丹，孔雀似锦鸟倒挂。玻璃瓶盛红毛酒，色艳琥珀酌大贝。峨舸遥出水晶宫，千尺帆樯来月窟。区宇隘前朝，幅员越往代。纵横谁知几千程，秦皇汉武徒夸大。间立海岸望晴空，闽商欣欣输关税。』或赞美海上行舟的壮观，如姚莹的《海船行》：『海船之大如小山，挂帆直在青云间。船头横卧曰杉板，板上尚可容人千。我始见船颇疑怪，缘梯拾级心悬悬。好风人众不得驶，坐待海月迎潮圆。初行金厦犹在眼，横山一抹如云烟。放洋渐远不可见，但见八表银波翻。』或夸述异国的风情，如黄遵宪的《苏彝士河》诗云：『龙门竟比禹功高，亘古流沙变海潮。万国争推东道主，一河横跨两洲遥。破空椎凿地能缩，衔尾舟行天不骄。他日南溟疏辟后，大鹏击水足扶摇。』引旧典故而述新事物，同样喻示了历史的变迁与时代的开新。

丝路情作为连接中外贸易与文化交流的重要纽带，促使世界和平发展、互惠交往成为主流思潮，其中协和万邦、四海同体的理念，亦贯穿古今、昭示未来。唐玄宗李隆基曾作《赐新罗王》：『四维分景纬，万象含中枢。玉帛遍天下，梯航归上都。缅怀阻青陆，岁月勤黄图。漫漫穷地际，苍苍连海隅。兴言名义国，岂谓山河殊。使去传风教，人来习典谟。衣冠知奉礼，忠信识尊儒。诚矣天其鉴，贤哉德不孤。』其中『四维』、『万象』极言天地四海之广大，『玉帛』、『梯航』叙写中外交通与贸易，『义国』、『山河』以为四海同体，『风教』、『典谟』表彰衣冠礼仪，『德不孤』显明中外交往中的德教理想。这种以商品贸易为交往，以诞敷文德为理念的传统，在诸多描写公主和亲与出使外邦的文学作品中亦常见。例如唐人张说的《奉和圣制送金城公主适西蕃应制》云：『青海和亲日，潢星出降时。戎王子婿宠，汉国舅家慈。春野开离宴，云天起别词。空弹马上曲，讵减凤楼思。』又如王维《使至塞上》诗云：『单车欲问边，属国过居延。征蓬出汉塞，归雁入胡天。大漠孤烟直，长河落日圆。萧关逢候骑，都护在燕然。』或言和亲，或论出使，其异域的自然景观与德化的人文精神全然融织于诗境之中。而古代丝路情所体现的协和万邦的思想，又尝集中体现于朝廷会见外邦使臣的『王会』（职贡）礼仪。王会礼仪源自周天子朝会诸侯，《周礼·春官·大宗伯》载『春见曰朝，夏见曰宗，秋见曰觐，冬见曰遇，时见曰会，殷见曰同。时聘曰问，殷眺曰视』。王会见宾于朝廷，谓『朝会』；因时在正月元日，称『朝正』、『朝元』、『正会』；因有贡物之事，称『朝贡』；因外交使臣参与，又称『职贡』。最初的王会文本成于周典，如《尚书·禹贡》《周礼·职方氏》《逸周书·王会篇》。《禹贡》开篇谓：『禹别九州岛，随山浚川，任土作贡。』孔《传》：『任其土地所有，定其贡赋之差，此尧时事而在《夏书》之首，禹之王以是功。』继谓：『四海会同，六府孔修，庶土交正，底慎财赋，咸则三壤，成赋中邦。』孔《传》：『四海之内会同京师，九州同风，万国共贯。』复谓：『东渐于海，西被于流沙，朔、南暨声教。』孔颖达疏引《正义》：『五服之外又东渐入于海，西被及于流沙，其北与南虽在服外，皆与闻天子威声文教，时来朝见。』《王会篇》记录的就是周公建王城（洛邑）后八方会同盛况。班固在《东都赋》中称颂『春王三朝，会同汉京。是日也，天子受四海之图籍，膺万国之贡珍，内抚诸夏，外绥百蛮』，写的就是汉代『元会礼』，清人何焯批点：『盛称王会之礼，包举四海万国，是何等气象。』在唐代《旧唐书·南蛮西南蛮·东谢蛮》有则记载：『贞观三年，元深入朝，冠乌熊皮冠，若今之髦头，以金银络额，身披毛帔，韦皮行縢而着履。中书侍郎颜师古奏言：「昔周武王时，天下太平，远国归款，周史乃书其事为《王会篇》。今万国来朝，至于此辈章服，实可图写，今请撰为《王会图》。」从之。』于是产生了阎立本、阎立德绘制的《职贡图》，而享誉中外艺术史。由此考察历代传世的《王会图》或《职贡图》，其功用又主要体现在两方面：一是以国家意志将这类图像提升到帝国时代的书写；二是表现一种万邦来朝的盛世气象。罗庆源《王会图赋》歌颂大唐气象云：『繄有唐之盛治，抚景运而益隆。览舆图之混一，奄万国兮来同……于是颜生朝奏，阎公暮召。抽毫素而授简，传深宫之有诏。彰粉绘之淋漓，渥丹青之炫耀。』既记录阎立本绘制《职贡图》的本事，又阐发了万国来同的意志。清人赵新《王会图赋》又将这一思想延伸到当代的书写，所谓『惟我朝治速置邮，关通旌节。辟疆域于前代，二万里共隶版图；输琛赆于神京，八千国咸遵轨辙』。其中宣威与昭德是不可分割的整体，也是其历史影像不断复续的意义所在。由此可见，历史上的丝绸之路与王会礼仪并非一回事，但其内在的联系则是万邦协同而命运共同的文化理念。

经纬中国，运通华夏。梁启超曾在《中国近三百年学术史》中讨论『中国的智识线和外国的智识线相接触』，提出了『中国之中国』（先秦）、『亚洲之中国』（汉唐以迄清中叶）和『世界之中国』（近代）三阶段说，意味着中外文化交流与中华文化传承的主干，曾围绕农耕与游牧、中国与亚洲、中国（东方）与西方三重文化叠合交融而历时展开的。在此交流的大势中，陆、海两条丝路作为纬线，曾影响着整个中国社会的经济与文化的发展，而自秦汉迄近代一道经（纵）线，又使丝路的情思成为历史发展的一道彩虹，通古而明今。

第一辑

一

絲路勝迹 文明記憶

大宛列傳（節選）

漢 司馬遷

大宛在匈奴西南，在漢正西，去漢可萬里。其俗土著，耕田，田稻麥，有蒲陶酒。多善馬，馬汗血，其先天馬子也。有城郭屋室，其屬邑大小七十餘城，眾可數十萬。其兵弓矛騎射。其北則康居，西則大月氏，西南則大夏，

東北則烏孫。東則扜罙。于窴。于窴之
西。則水皆西流。注西海。其東水東流
注鹽澤。鹽澤潛行地下。其南則
河源出焉。多玉石。河注中國。而樓
蘭。姑師邑有城郭。臨鹽澤。鹽
澤去長安可五千里。匈奴右方居鹽
澤以東。至隴西長城。南接羌。鬲漢
道焉。

烏孫在大宛東北可二千里。行國。隨
畜。與匈奴同俗。控弦者數萬。敢戰。
故服匈奴。及盛。取其羈屬。不肯往
朝會焉。
康居在大宛西北可二千里。行國。與月
氏大同俗。控弦者八九萬人。與大宛鄰
國。國小。南羈事月氏。東羈事匈奴。
奄蔡在康居西北可二千里。行國。與

康居大同俗。控弦者十餘萬。臨大澤。
無崖。蓋乃北海云。
大月氏在大宛西可二三千里。居媯水北。
其南則大夏。西則安息。北則康居。行
國也。隨畜移徙。與匈奴同俗。控弦者
可一二十萬。故時彊輕匈奴。及冒頓立。
攻破月氏。至匈奴老上單于。殺月氏王。
以其頭為飲器。始月氏居敦煌。祁

連閒及為匈奴所敗乃遠去過宛西
擊大夏而臣之遂都嬀水北為王庭
其餘小衆不能去者保南山羌號
小月氏
安息在大月氏西可數千里其俗土著
耕田田稻麥蒲陶酒城邑如大宛其
屬小大數百城地方數千里最為大
國臨嬀水有市民商賈用車及

船。行旁國或數千里。以銀為錢。錢
如其王面。王死輒更錢。效王面焉。畫
革旁行以為書記。其西則條枝。北有
奄蔡、黎軒。
條枝在安息西數千里。臨西海。暑濕。
耕田。田稻。有大鳥卵如甕。人衆甚多。
往往有小君長。而安息役屬之。以為外
國。國善眩。安息長老傳聞條枝有

弱水。西王母。而未尝见。
大夏在大宛西南二千余里妫水南。其
俗土著。有城屋。与大宛同俗。无大长。
往往城邑置小长。其兵弱。畏战。善贾
市。及大月氏西徙。攻败之。皆臣畜大
夏。大夏民多。可百余万。其都曰蓝
市城。有市贩贾诸物。其东南有身
毒国。

大宛列传（节选）[1]

汉·司马迁

大宛[2]在匈奴西南，在汉正西，去汉可万里。其俗土著，耕田，田稻麦。有蒲陶[3]酒。多善马，马汗血，其先天马子也。有城郭屋室。其属邑大小七十余城，众可数十万。其兵弓矛骑射。其北则康居，西则大月氏，西南则大夏，东北则乌孙，东则扜罙、于窴[4]。于窴之西，则水皆西流，注西海；其东水东流，注盐泽。盐泽潜行地下，其南则河源出焉。多玉石，河注中国。而楼兰、姑师邑有城郭，临盐泽。盐泽去长安可五千里。匈奴右方居盐泽以东，至陇西长城，南接羌，鬲汉道焉。

乌孙[5]在大宛东北可二千里，行国，随畜，与匈奴同俗。控弦者数万，敢战。故服匈奴，及盛，取其羁属，不肯往朝会焉。

康居[6]在大宛西北可二千里，行国，与月氏大同俗。控弦者八九万人。与大宛邻国。国小，南羁事月氏，东羁事匈奴。

奄蔡[7]在康居西北可二千里，行国，与康居大同俗。控弦者十余万。临大泽，无崖，盖乃北海云。

大月氏在大宛西可二三千里，居妫水[8]北。其南则大夏，西则安息，北则康居。行国也，随畜移徙，与匈奴同俗。控弦者可一二十万。故时强，轻匈奴，及冒顿立，攻破月氏，至匈奴老上单于，杀月氏王，以其头为饮器。始月氏居敦煌、祁连间，及为匈奴所败，乃远去，过宛，西击大夏而臣之，遂都妫水北，为王庭。其余小众不能去者，保南山羌，号小月氏。

安息[9]在大月氏西可数千里。其俗土著，耕田，田稻麦，蒲陶酒。城邑如大宛。其属小大数百城，地方数千里，最为大国。临妫水，有市，民商贾用车及船，行旁国或数千里。以银为钱，钱如其王面，王死辄更钱，效王面焉。画革旁行以为书记。其西则条枝，北有奄蔡、黎轩。

条枝[10]在安息西数千里，临西海。暑湿。耕田，田稻。有大鸟，卵如瓮。人众甚多，往往有小君长，而安息役属之，以为外国。国善眩。安息长老传闻条枝有弱水、西王母，而未尝见。

大夏[11]在大宛西南二千余里妫水南。其俗土著，有城屋，与大宛同俗。无大长，往往城邑置小长。其兵弱，畏战。善贾市。及大月氏西徙，攻败之，皆臣畜大夏。大夏民多，可百余万。其都曰蓝市城，有市贩贾诸物。其东南有身毒[12]国。

解题 ○ 司马迁（约前145—？），字子长，夏阳人，西汉伟大的史学家、文学家、思想家。著有《史记》，其书语言生动，形象鲜明，是我国最早的纪传体通史，对后世史传与文学影响至深。《大宛列传》为《史记》中一篇，记录了汉武帝时张骞出使西域经过及其见闻。本文所选部分系张骞为武帝讲述西域诸国如大宛、乌孙、康居、奄蔡、大月氏、安息、条枝、大夏等地理环境、风土人情，是陆上丝绸之路的早期记载。

① 选自《史记》，中华书局1959年版，第3160—3164页。
② 大宛（音苑）：古西域名，位于今乌兹别克斯坦费尔干纳盆地。
③ 蒲陶：即葡萄。
④ 扜罙（音『于迷』）：古西域国名，位于今新疆于田县克里雅河东。于窴（音田）：古西域国名，在今新疆和田一带。
⑤ 乌孙：古族名，初在祁连、敦煌间，汉武帝时西迁至今伊犁河和伊塞克湖一带，武帝两次以宗室女为公主嫁之。
⑥ 康居：古西域国名，约在今巴尔喀什湖和咸海之间，南及阿姆河北，地甚广大，当中西交通道路中段要冲。
⑦ 奄蔡：古族名，约分布于今咸海至里海一带，从事游牧。
⑧ 大月氏：古族名，常略写作月氏，秦汉之际游牧于敦煌、祁连间，汉文帝时遭匈奴袭击，西迁今新疆伊犁河流域。少数不曾西迁者，则称为小月氏。妫（音规）水：即今阿姆河，中亚流量最大的河流。
⑨ 安息：西亚古国，亦称『帕提亚』（*Parthia*），地处伊朗高原东北部，为丝绸之路必经之地，与罗马帝国和中国贸易、交通频繁。
⑩ 条枝：西亚古国，在今伊朗西南部布什尔港附近。
⑪ 大夏：中亚古国，在兴都库什山与阿姆河上游之间。
⑫ 身毒：古印度的别译。

西域傳（節選）　漢　班固

西域以孝武時始通，本三十六國，其
後稍分至五十餘，皆在匈奴之西，烏孫
之南。南北有大山，中央有河，東西六千
餘里，南北千餘里。東則接漢，阸以玉門、
陽關，西則限以葱嶺。其南山，東出金
城，與漢南山屬焉。其河有兩原：一

出蔥嶺山。一出于闐。于闐在南山下。其河北流。與蔥嶺河合。東注蒲昌海。蒲昌海。一名鹽澤者也。去玉門。陽關三百餘里。廣袤三百里。其水亭居。冬夏不增減。皆以為潛行地下。南出於積石。為中國河云。

自玉門。陽關出西域有兩道。從鄯善傍南山北。波河西行至莎車。為南

道南道西逾葱嶺則出大月氏安息
自車師前王廷隨北山波河西行
至疏勒為北道北道西逾葱嶺則出
大宛康居奄蔡焉
西域諸國大率土著有城郭田畜
與匈奴烏孫異俗故皆役屬匈奴匈
奴西邊日逐王置僮僕都尉使領
西域常居焉耆危須尉黎間賦

稅諸國。取富給焉。
自周衰。戎狄錯居涇渭之北。及秦始
皇攘卻戎狄。築長城。界中國。然
西不過臨洮。
漢興至於孝武。事征四夷。廣威德。
而張騫始開西域之跡。其後驃騎
將軍擊破匈奴右地。降渾邪。休
屠王。遂空其地。始築令居以西。初置

酒泉郡。後稍發徙民充實之。分
置武威。張掖。敦煌。列四郡。據兩關
焉。自貳師將軍伐大宛之後。西域
震懼。多遣使來貢獻。漢使西域
者益得職。於是自敦煌西至鹽澤。
往往起亭。而輪臺。渠犁皆有田卒
數百人。置使者校尉領護。以給使
外國者。

至宣帝時。遣衛司馬使護鄯善以西數國。及破姑師。未盡殄。分以為車師前後王及山北六國。時漢獨護南道。未能盡並北道也。然匈奴不自安矣。其後日逐王畔單于。將眾來降。護鄯善以西使者鄭吉迎之。既至漢。封日逐王為歸德侯。吉為安遠侯。是歲。神爵三年也。

乃因使吉並護北道故號曰都護
都護之起自吉置矣僮僕都尉由
此罷匈奴益弱不得近西域於是徙
屯田田於北胥鞬披莎車之地屯田校
尉始屬都護都護督察烏孫康
居諸外國動靜有變以聞可安輯
安輯之可擊擊之都護治烏壘
城去陽關二千七百三十八里與渠犁

田官相近。土地肥饒。於西域為中。故都護治焉。至元帝時。復置戊己校尉。屯田車師前王庭。是時匈奴東蒲類王茲力支將人衆千七百餘人降都護。都護分車師後王之西為烏貪訾離地以處之。自宣。元後。單于稱藩臣。西域服從。

其土地山川王侯戶數道里遠近翔
實矣
出陽關自近者始曰婼羌婼羌國王
號去胡來王去陽關千八百里去長安
六千三百里辟在西南不當孔道戶四
百五十口千七百五十勝兵者五百人西與
且末接隨畜逐水草不田作仰鄯
善且末穀山有鐵自作兵兵有弓

弩。服刀。劍。甲。西北至鄯善。乃當道云。
鄯善國。本名樓蘭。王治扜泥城。去
陽關千六百里。去長安六千一百里。戶
千五百七十。口萬四千一百。勝兵二千九百
十二人。輔國侯。卻胡侯。鄯善都尉。
擊車師都尉。左右且渠。擊車師
君各一人。譯長二人。西北去都護治
所千七百八十五里。至山國千三百六十

百里。西北去車師千八百九十里。地沙鹵。少田。寄田仰穀旁國。國出玉，多葭葦。檉柳。胡桐。白草。民隨畜牧逐水草。有驢馬。多橐它。能作兵。與婼羌同。

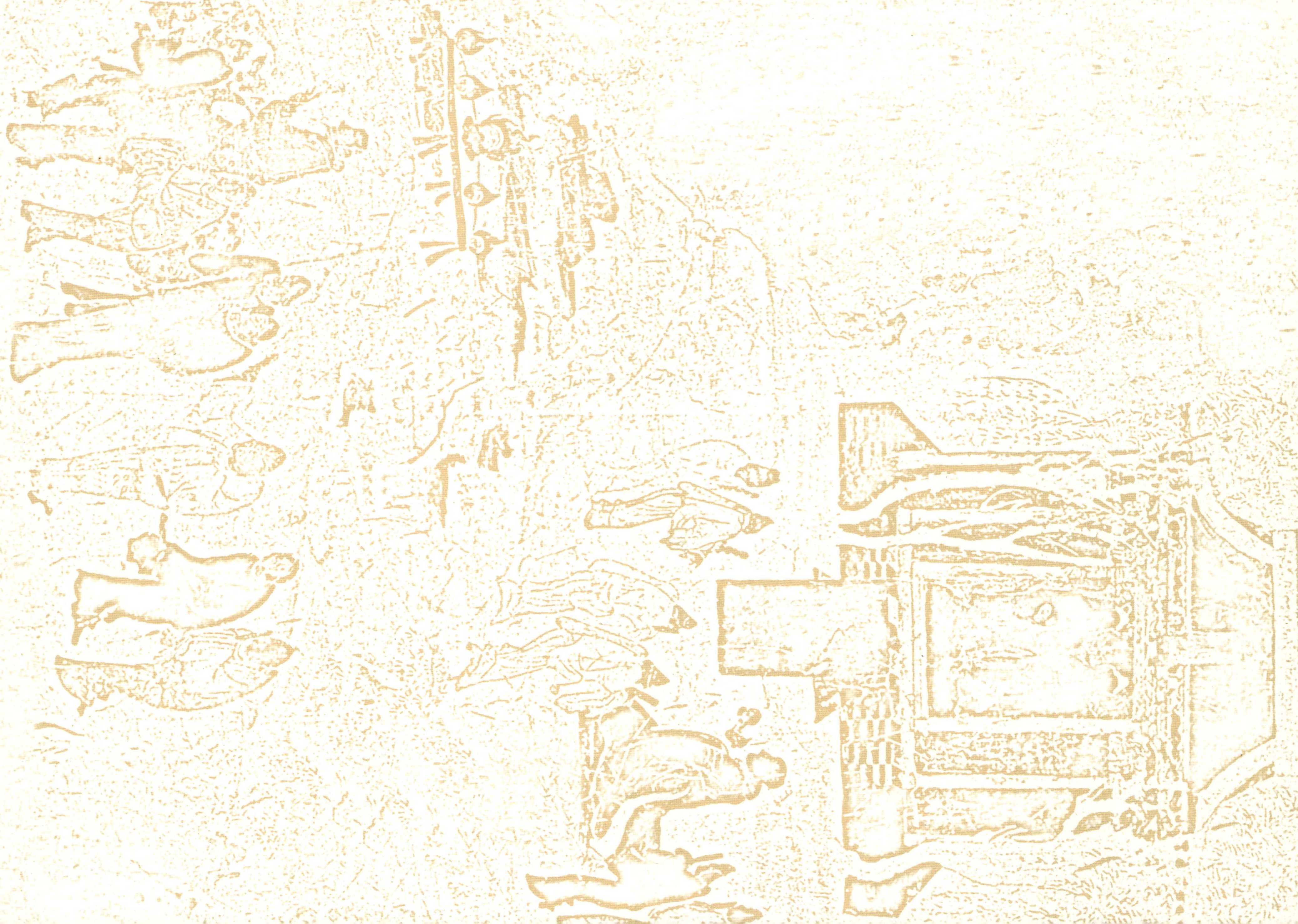

西域传（节选）[1]

汉·班固

西域以孝武时始通，本三十六国，其后稍分至五十余，皆在匈奴之西、乌孙之南。南北有大山，中央有河，东西六千余里，南北千余里。东则接汉，阸以玉门、阳关，西则限以葱岭。其南山，东出金城，与汉南山属焉。其河有两原：一出葱岭山，一出于阗。于阗在南山下，其河北流，与葱岭河合，东注蒲昌海。蒲昌海，一名盐泽者也，去玉门、阳关三百余里，广袤三百里。其水亭居，冬夏不增减，皆以为潜行地下，南出于积石，为中国河云。

自玉门、阳关出西域有两道：从鄯善傍南山北，波河西行至莎车[2]，为南道，南道西逾葱岭[3]则出大月氏、安息；自车师前王廷随北山，波河西行至疏勒[4]，为北道，北道西逾葱岭则出大宛、康居、奄蔡焉。

西域诸国大率土著，有城郭田畜，与匈奴、乌孙异俗，故皆役属匈奴。匈奴西边日逐王置僮仆都尉，使领西域，常居焉耆、危须、尉黎[5]间，赋税诸国，取富给焉。

自周衰，戎狄错居泾渭之北。及秦始皇攘却戎狄，筑长城，界中国，然西不过临洮。

汉兴至于孝武，事征四夷，广威德，而张骞始开西域之迹。其后骠骑将军击破匈奴右地，降浑邪、休屠王，遂空其地，始筑令居以西，初置酒泉郡，后稍发徙民充实之，分置武威、张掖、敦煌，列四郡，据两关焉。自贰师将军伐大宛之后，西域震惧，多遣使来贡献。汉使西域者益得职。于是，自敦煌西至盐泽，往往起亭，而轮台、渠犁皆有田卒数百人，置使者校尉领护，以给使外国者。

至宣帝时，遣卫司马使护鄯善以西数国。及破姑师，未尽殄，分以为车师前后王及山北六国。时汉独护南道，未能尽并北道也。然匈奴不自安矣。其后日逐王畔单于，将众来降，护鄯善以西使者郑吉迎之。既至汉，封日逐王为归德侯，吉为安远侯。是岁，神爵三年也。乃因使吉并护北道，故号曰都护。都护之起，自吉置矣。僮仆都尉由此罢，匈奴益弱，不得近西域。于是。徙屯田，田于北胥鞬，披莎车之地，屯田校尉始属都护。都护督察乌孙、康居诸外国动静有变，以闻。可安辑，安辑之；可击，击之。

都护治乌垒城，去阳关二千七百三十八里，与渠犁田官相近，土地肥饶，于西域为中，故都护治焉。

至元帝时，复置戊己校尉，屯田车师前王庭。是时，匈奴东蒲类王兹力支将人众千七百余人降都护，都护分车师后王之西为乌贪訾离地以处之。

自宣、元后，单于称藩臣，西域服从。其土地山川、王侯户数、道里远近，翔实矣。

出阳关，自近者始，曰婼羌⑥。婼羌国王号去胡来王。去阳关千八百里，去长安六千三百里，辟在西南，不当孔道。户四百五十，口千七百五十，胜兵者五百人。西与且末接。随畜逐水草，不田作，仰鄯善、且末谷。山有铁，自作兵，兵有弓、矛、服刀、剑、甲。西北至鄯善，乃当道云。

鄯善国，本名楼兰，王治扜泥城，去阳关千六百里，去长安六千一百里。户千五百七十，口万四千一百，胜兵二千九百十二人。辅国侯、却胡侯、鄯善都尉、击车师都尉、左右且渠、击车师君各一人，译长二人。西北去都护治所千七百八十五里，至山国千三百六十五里，西北至车师千八百九十里。地沙卤，少田，寄田仰谷旁国。国出玉，多葭苇、柽柳、胡桐、白草。民随畜牧逐水草，有驴马，多橐它。能作兵，与婼羌同。

解题 ○ 班固（32—92），字孟坚，扶风安陵人，东汉史学家、文学家。著有《汉书》，文辞渊雅，叙事详赡。继司马迁之后，完善了纪传体史书的形式，并开创了断代史体例。《西域传》为《汉书》中一篇，系在《史记·大宛列传》基础上补充而成，详细记载了汉朝自武帝以来经营西域的历程与西域诸国之间的关系，旁及诸国风俗，交通要道，兼有民族志与地理志的双重价值。

① 选自《汉书》，中华书局1962年版，第3871—3876页。
② 鄯（音善）善：古西域国名，本名楼兰，位于西域南道。莎车：古西域国名，位于今新疆莎车县一带，丝绸之路南道要冲。
③ 葱岭：古山脉名，北起南天山、西天山，向南绵亘至帕米尔高原、西昆仑山、喀喇昆仑山和兴都库什山，为古中国西部界山，交通南亚、中亚必逾之岭。
④ 车师：古西域国名，原名姑师，汉宣帝时分前后两部，皆属西域都护府。疏勒：古西域国名，在今新疆喀什，后为莎车、于阗所并。
⑤ 焉耆：古西域国名，在今新疆焉耆附近。危须：古西域国名，在今新疆和硕一带，后为焉耆所并。尉黎：亦古西域国名。
⑥ 婼（音若）羌：古西域国名，在今新疆若羌县附近。

边庭落日　　唐　骆宾王

紫塞流沙北，黄图灞水东。一朝辞俎豆，万里逐沙蓬。候月恒持满，寻源屡凿空。野昏边气合，烽迥戍烟通。膂力风尘倦，疆场岁月穷。河流控积石，山路远崆峒。壮志凌苍兕，精诚贯白虹。

君恩如可报。龙剑有雌雄。

边庭落日[1]

唐・骆宾王

紫塞流沙北[2]，黄图灞水东。一朝辞俎豆[3]，万里逐沙蓬。
候月恒持满，寻源屡凿空。野昏边气合，烽迥戍烟通。
膂力风尘倦，疆场岁月穷。河流控积石，山路远崆峒。
壮志凌苍兕[4]，精诚贯白虹。君恩如可报，龙剑有雌雄。

解题 ○ 骆宾王（约640—约684），字观光，婺州义乌人，唐代诗人，与王勃、杨炯、卢照邻并称『初唐四杰』。骆宾王于唐高宗永徽年间从军至西域，《边庭落日》应为当时所作。此诗写诗人万里从军所见之景与立志报国之心，雄健豪迈。

① 选自《骆宾王集》，浙江古籍出版社2015年版，第182页。
② 紫塞：长城。流沙：居延的别名，本为古匈奴地名，在居延泽附近，为当时河西地区与漠北往来要道所经之地。
③ 俎豆：本意为古代礼器。骆宾王原为奉礼郎，因事坐贬西域从军，故曰『一朝辞俎豆』。
④ 苍兕（音四）：传武王伐纣时，太公以苍兕起誓，此处指报国之志坚定。

涼州詞

唐 王之渙

黄河遠上白雲間。一片孤城萬仞山。羌笛何須怨楊柳。春風不度玉門關。

凉州词[①]

唐 · 王之涣

黄河远上白云间，一片孤城万仞山。
羌笛何须怨杨柳，春风不度玉门关[②]。

解题 ○ 王之涣（688—742），字季凌，晋阳人，唐代诗人，传世之作仅六首，《凉州词》和《登鹳雀楼》尤有名。《凉州词》展现了边塞地区广袤壮阔的景象，以及边防征人的思乡之情。

① 选自《唐人选唐诗新编》，中华书局 2014 年版，第 350 页。

② 玉门关：汉武帝置，故址在今甘肃敦煌西北小方盘城，是古代通往西域的要道。

關山月

唐 李白

明月出天山，蒼茫雲海間。長風幾萬里，吹度玉門關。漢下白登道，胡窺青海灣。由來征戰地，不見有人還。戍客望邊色，思歸多苦顏。高樓當此夜，嘆息未應閑。

关山月[①]

唐・李白

明月出天山，苍茫云海间。长风几万里，吹度玉门关。
汉下白登[②]道，胡窥青海湾。由来征战地，不见有人还。
戍客望边色，思归多苦颜。高楼当此夜，叹息未应闲。

①　选自《李太白全集》，中华书局2015年版，第263页。

②　白登：白登山，匈奴围汉高祖于此。

解题〇　李白（701—762），字太白，号青莲居士，祖籍陇西成纪，传生于中亚碎叶，是唐代伟大的浪漫主义诗人，有『诗仙』之称。其诗雄奇豪放，瑰玮绚烂，语言流转自然，音律和谐多变，有《李太白集》传世。此诗放眼天山云海、玉门长风，由此想到古来征战，进而呼吁和平，情真思邃。

秦州雜詩　唐　杜甫

雲氣接崑崙。涔涔塞雨繁。羌童
看渭水。使客向河源。煙火軍中
幕。牛羊嶺上村。所居秋草靜。正
閉小蓬門。

秦州杂诗[1]

唐·杜甫

云气接昆仑[2]，涔涔塞雨繁。羌童看渭水[3]，使客向河源[4]。
烟火军中幕，牛羊岭上村。所居秋草静，正闭小蓬门。

解题〇 杜甫（712—770），字子美，号少陵野老，祖籍襄阳，后迁巩县（今巩义市），唐代伟大的现实主义诗人，被后世尊称为『诗圣』，与李白合称『李杜』。其诗被称为『诗史』，有《杜工部集》传世。《秦州杂诗》共二十首，秦州在今甘肃天水。组诗从西入秦州写起，至离开秦州结束，多方面地反映了秦州山川城郭风光和当时社会生活。

① 选自《杜诗详注》，中华书局2015年版，第700页。

② 昆仑：昆仑山，在肃州酒泉西南八十里。

③ 渭水：渭水在秦州，其源出于临洮。秦州羌汉混居，故曰『羌童观渭水』。

④ 河源：唐鄯州鄯城县，有河源军，属陇右道。

經火山

唐 岑參

火山今始見。突兀蒲昌東。赤焰燒虜雲。炎氣蒸塞空。不知陰陽炭。何獨燃此中。我來嚴冬時。山下多炎風。人馬盡汗流。孰知造化功。

经火山①

唐・岑参

火山②今始见，突兀蒲昌③东。
赤焰烧虏云，炎氛蒸塞空。
不知阴阳炭④，何独燃此中？
我来严冬时，山下多炎风。
人马尽汗流，孰知造化功。

解题 ○ 岑参（约715—770），江陵人。其诗与高适齐名，并称『高岑』，有《岑嘉州诗集》传世。此诗描绘了火焰山奇特怪异的景象，抒发了作者在边塞施展宏图的志向。

① 选自《岑参集校注》，上海古籍出版社1981年版，第79页。
② 火山：又名火焰山，自新疆吐鲁番向东断续延伸至鄯善县以南。
③ 蒲昌：县名，在今新疆鄯善县，唐时属西州交河郡。
④ 阴阳炭：语出贾谊《鵩鸟赋》『且夫天地为炉兮，造化为工；阴阳为炭兮，万物为铜』，下文『孰知造化功』亦隐括此句，与此处皆实写火焰山之炎热。

白雪歌送武判官歸京

唐 岑參

北風捲地白草折。胡天八月即飛
雪。忽如一夜春風來。千樹萬樹梨
花開。散入珠簾濕羅幕。狐
裘不暖錦衾薄。將軍角弓不得
控。都護鐵衣冷難著。瀚海闌
干百丈冰。愁雲慘淡萬里凝。中

軍置酒飲歸客。胡琴琵琶與
羌笛。紛〻暮雪下轅門。風掣紅
旗凍不翻。輪臺東門送君去。去時
雪滿天山路。山迴路轉不見君。雪
上空留馬行處。

白雪歌送武判官归京[1]

唐・岑参

北风卷地白草[2]折，胡天八月即飞雪。
忽如一夜春风来，千树万树梨花开。
散入珠帘湿罗幕，狐裘不暖锦衾薄。
将军角弓不得控，都护铁衣冷难着。
瀚海阑干[3]百丈冰，愁云惨淡万里凝。
中军置酒饮归客，胡琴[4]琵琶与羌笛。
纷纷暮雪下辕门，风掣红旗冻不翻。
轮台东门送君去，去时雪满天山路。
山回路转不见君，雪上空留马行处。

解题 ○ 岑参曾两度出塞，此诗作于天宝十三年（754），时岑参第二次出塞充任安西北庭节度使封常清的判官。武判官即其前任，诗人在轮台送他归京，作下此诗。全诗色彩瑰丽，气势磅礴，尤以『忽如一夜春风来，千树万树梨花开』为人称道，堪称盛唐边塞诗压卷之作。

① 选自《岑参集校注》，上海古籍出版社 1981 年版，第 163 页。

② 白草：西域所产牧草，较坚韧。

③ 瀚海：大沙漠，东起兴安岭东麓，西尽天山东麓，自东北至西南绵延二千公里。此指西域广漠之地。阑干，纵横交错貌。

④ 胡琴：泛指西域之琴，非今日之胡琴。

度破讷沙　　唐　李益

眼见风来沙旋移。经年不省草生时。莫言塞北无春到。总有春来何处知。

度破讷沙[1]

唐·李益

眼见风来沙旋移，经年不省草生时。
莫言塞北无春到，纵有春来何处知。

解题 ○ 李益（748—约829），字君虞，陇西姑臧人（今甘肃临洮）。擅于七绝，以写边塞诗知名，有《李君虞诗集》二卷。破讷沙为沙漠名，见于《新唐书·地理志》，又名普纳沙。《度破讷沙》共两首，此处选其一，描写漠上苦寒，是为丝绸之路上的独到景观与气候。

① 选自《李益诗集》，中华书局2014年版，第71页。

塞下曲

唐 李益

蕃州部落能結束。朝暮馳獵黃河曲。燕歌未斷塞鴻飛。牧馬群嘶邊草綠。

塞下曲[1]

唐·李益

蕃州部落能结束[2]，朝暮驰猎黄河曲。
燕歌未断塞鸿飞，牧马群嘶边草绿。

解题○此诗以天地空阔，人马欢腾的壮丽图景表现将士生活的满怀豪情，反映了西北风光的壮丽动人。

① 选自《李益诗集》，中华书局2014年版，第74页。

② 蕃州部落：指西北边地的驻防部队。结束：装束。能结束即善于装束。

至回紇城暇日出詩一篇　元　丘處機

二月經行十月終。西臨回紇大城墉。塔高不見十三級。山厚已過千萬重。秋日在郊猶放象。夏雲無雨不從龍。嘉蔬麥飯蒲萄酒。飽食安眠養素慵。

至回纥城暇日出诗一篇[1]

元·丘处机

二月经行十月终，西临回纥大城墉[2]。
塔高不见十三级，山厚已过千万重。
秋日在郊犹放象，夏云无雨不从龙。
嘉蔬麦饭蒲萄酒，饱食安眠养素慵。

解题 ○ 丘处机（1148—1227），字通密，号长春子，金代登州栖霞人，金代道士，道教全真道北七真之一，曾受成吉思汗召见于雪山，游历西域，远至撒马尔罕，其弟子李志常将此番经历写成《长春真人西游记》。

① 选自《丝绸之路诗词选》，甘肃文化出版社2018年版，第83页。
② 回纥：《长春真人西游记》作鳖思马，今名吉木尔萨，在新疆乌鲁木齐以东。

西遊録 節選

元 耶律楚材

予始發永安。過居庸。歷武川。出雲中之右。抵天山之北。涉大磧。踰沙漠。未浹十旬。已達行在。山川相繆。鬱乎蒼蒼。車帳如雲。將士如雨。馬牛被野。兵甲赫天。煙火相望。連營萬里。千古之盛。未嘗有也。

越明年。天兵大舉西伐。道過金山。時方盛夏。山峯飛雪。積深丈許。上命斲冰爲道以度師。金山之泉無慮千百。松檜參天。花草弥谷。從山巔望之。群峯競秀。亂壑争流。真雄觀也。自金山而西。水皆西流。入于西海。噫。天之限東西者乎。金山之南隅有回鶻城。名曰別石把。有唐碑。所謂瀚海軍者也。瀚海去城西北數百里。海中有嶼。嶼嶼皆禽鳥所落羽毛也。城之西二百餘里有輪臺縣。唐碑在焉。城之南五百里有和州。唐之高昌也。亦名伊州。高昌之西三四千里有五端城。即唐之于闐國也。出烏白玉之二河在焉。

既過瀚海軍千餘里。有不剌城。附

庸之邑三万。不剌〻南有陰山。東西千里。南北二百里。其山〻頂有圓池。周圍七八十里許。既過圓池。南〻皆林檎木。樹陰蓊翳。不露日色。既出陰山。有阿里馬城。西人目林檎曰阿里馬。附郭皆林檎園囿。由此名焉。附庸城邑八九。多蒲桃梨果。播種五穀。一如中原。

又西有大河曰亦列。河之西有城曰虎
司窝鲁朵。即西辽之都也。附庸城
邑数十。
又西数百里有塔剌思城。又西南四百
余里有苦盏城。八普城。可伞城。芭
榄城。苦盏多石榴。其大如拱。甘而差
酸。凡三五枚。绞汁得盂许。渴中之
尤物也。芭榄城边皆芭榄园。故以名

馬○芭欖花如杏而微淡○葉如桃而差
小○每冬季而華○夏盛而實○狀類扁
桃○肉不堪食○唯取其核○八番城西瓜
大者五十斤○長耳僅負二枚○其味甘
涼可愛○
又苦盞之西北五百里有訛打刺城○附
庸城十數○此城渠酋嘗殺大野使命
為人○買人百數○盡有其財貨○

西游录（节选）[7]

元·耶律楚材

予始发永安，过居庸，历武川，出云中之右，抵天山之北，涉大碛，逾沙漠。未浃十旬，已达行在。山川相缪，郁乎苍苍。车帐如云，将士如雨，马牛被野，兵甲赫天，烟火相望，连营万里，千古之盛，未尝有也。

越明年，天兵大举西伐，道过金山[2]。时方盛夏，山峰飞雪，积冰千尺许。上命斲冰为道以度师。金山之泉无虑千百，松桧参天，花草弥谷。从山巅望之，群峰竞秀，乱壑争流，真雄观也。自金山而西，水皆西流，入于西海。噫，天之限东西者乎！

金山之南隅有回鹘城，名曰别石把，有唐碑，所谓瀚海军者也。瀚海去城西北数百里。海中有屿，屿上皆禽鸟所落羽毛也。城之西二百余里有轮台县，唐碑在焉。城之南五百里有和州，唐之高昌也。亦名伊州。高昌之西三四千里有五端城，即唐之于阗国也。出乌白玉之二河在焉。

既过瀚海军千余里，有不剌城[3]，附庸之邑三五。不剌之南有阴山[4]，东西千里，南北二百里。其山之顶有圆池，周围七八十里许。既过圆池，南下皆林檎木，树阴蓊翳，不露日色。既出阴山，有阿里马城。西人目林檎曰阿里马[5]，附郭皆林檎园囿，由此名焉。附庸城邑八九。多蒲桃梨果。播种五谷，一如中原。

又西有大河曰亦列[6]。河之西有城曰虎司窝鲁朵[7]，即西辽之都也。附庸城邑数十。

又西数百里有塔剌思城[8]。又西南四百余里有苦盏城、八普城、可伞城、芭榄城[9]。苦盏多石榴，其大如拱，甘而差酸，凡三五枚，绞汁得盂许，渴中之尤物也。芭榄城边皆芭榄园，故以名焉。芭榄花如杏而微淡，叶如桃而差小。每冬季而华，夏盛而实，状类匾桃，肉不堪食，唯取其核。八普城西瓜大者五十斤，长耳仅负二枚，其味甘凉可爱。

又苦盏之西北五百里有讹打剌城⑩，附庸城十数。此城渠酋尝杀大朝使命数人、贾人百数，尽有其财货。

解题○ 耶律楚材（1190—1244），字晋卿，号湛然居士，契丹人，金末元初文学家。楚材于元太祖十三年（1218）应成吉思汗之召，从北京出发前往蒙古，次年随大军西征，历时六年，将经历诸地的道里、山川、物产、民俗、宗教撰成《西游录》。选篇记录了耶律楚材从北京家中出发，过居庸，历武川，逾沙漠，于东戈壁与成吉思汗会合。随后翻越金山（阿尔泰山），直至讹打剌城（Otrar）。此城因杀害使者，坐贻蒙古大军口实，引发了蒙古西征。

① 选自《西游录》，中华书局2010年版，第1—2页。

② 金山：即阿尔泰山，古称金微山，绵亘于新疆东部和北部，为我国和蒙古国的界山。

③ 不剌城：地在今新疆艾比湖西的博乐市境内，为元代东西往来之要冲。

④ 阴山：元朝人常称今新疆的天山为阴山，而称内蒙古的阴山为天山。这里的阴山即新疆天山，上文天山则为内蒙古阴山。

⑤ 林檎，阿里马：从塞里木湖南下通过山峡，今名果子沟，以峡中苹果树而得名，林檎即苹果类水果。阿里马为出峡大城，系元时西域名城，约在今新疆伊宁市境内。

⑥ 亦列：今伊犁河。

⑦ 虎司窝鲁朵：位于伊犁河西，楚河南岸，为西辽都城。

⑧ 塔剌思城：又作塔赖寺，即唐代的怛罗斯，约在今江布尔城（Jambul），公元751年唐将高仙芝在此与大食交战。

⑨ 苦盏城：即胡占德（Khojend），塔吉克斯坦共和国第二大城。八普城：即浩罕东的Pap。可伞城：即乌兹别克斯坦共和国纳曼干西北的卡桑赛（Kasan）。芭榄城：芭榄为波斯一种杏子，今多称为巴旦，意译为扁桃，芭榄城以此得名，应为Kangi-badam城。

⑩ 讹打剌城：Otrar，历史名城，在锡尔河右岸。因杀害蒙古使者和商人，成为成吉思汗西征首攻之城，自蒙古西征后荒废。

祁連山　明　陳棐

馬上望祁連。連峰高插天。西走
接嘉峪。凝素無青煙。對峰拱
合黎。遙海瞰居延。四時積雪明。六
月飛霜寒。所喜炎雪消。潺潺灌
入田。可以代雨澤。可以資流泉。三
箭將軍射。聲名天壤傳。誰

是掛了者。千載能比肩。

祁连山[①]

明·陈棐

马上望祁连，连峰高插天。西走接嘉峪[②]，凝素无青烟。
对峰拱合黎[③]，遥海瞰居延。四时积雪明，六月飞霜寒。
所喜炎雪消，潺潺灌入田。可以代雨泽，可以资流泉。
三箭将军射[④]，声名天壤传。谁是挂弓者，千载能比肩。

解题○ 陈棐（1505—1559），字汝忠，号文冈，明代河南鄢陵人，嘉靖进士，官至甘肃巡抚。祁连山在河西走廊南侧，『祁连』为匈奴语『天』之意，汉代霍去病西征，时有匈奴民歌『失我祁连山，使我六畜不蕃息』。此诗写祁连山嘉峪关外一段，恰为丝绸之路与明代万里长城的交汇点。大漠雄关，六月飞霜，景观颇为瑰伟奇丽。

① 选自《丝绸之路诗词集》，甘肃文化出版社2018年版，第104页。
② 嘉峪：关隘名，位于甘肃省嘉峪关市西南隅，始建于明洪武五年（1372），为丝绸之路交通要冲。
③ 合黎：山名，在甘肃省河西走廊中部和内蒙古西部边境，与龙首山合称『走廊北山』。
④ 三箭将军射：指唐龙朔二年（662），薛仁贵击九姓铁勒于天山，连发三箭，射杀骁骑三人，惊溃敌军。

天山歌

清 洪亮吉

地脈至此斷。天山之气以。日月何處
棲。總掛青松巔。窮冬棱棱朔風裂。
雪復包山沒山骨。峰形積古誰得
窺。上有鴻濛萬年雪。天山之石綠
如玉。雪與石光皆染綠。半空石墮
冰忽開。對面居然落飛瀑。青松岡

頭鼠陸梁。一一競欲餐天光。沿林弱
雉飛不起。狸月能啖松花香。人行
山口雪沒膝。山腹久已藏春風。如云
靈境迴殊異。氣候頓與三霄通。我
謂長城亦須築。此隘天教限河漠。
山南山北亦許長。瀚海黃河亦起伏。
他時遂容備渴還。置家亦象邪。
連山。控弦雅遝栗騎霍。援筆一或

似扶風班。別家近已忘年載。日出

滄溟倚家在。連峯偶一望東南。

雲氣濛濛生腹背。九州我昔歷險夷。

五嶽頂上都標題。南條北條等閑

耳。太乙太室輸此奇。果不見奇。

鍾塞外天吳取。風力吹人猛飛舉。

一峯缺處補一雲。人欲出山雲不許。

天山歌[1]

清·洪亮吉

地脉至此断，天山已包天。日月何处栖，总挂青松巅。穷冬棱棱朔风裂，雪复包山没山骨。峰形积古谁得窥，上有鸿蒙万年雪。天山之石绿如玉，雪与石光皆染绿。半空石堕冰忽开，对面居然落飞瀑。青松冈头鼠陆梁，一一竞欲餐天光。沿林弱雉飞不起，经月饱啖松花香。人行山口雪没踪，山腹久已藏春风。始知灵境迥然异，气候顿与三霄通。我谓长城不须筑，此险天教限沙漠。山南山北尔许长，瀚海黄河兹起伏。他时逐客倘得还，置家亦象祁连山。控弦纵逊票骑霍[2]，投笔或似扶风班[3]。别家近已忘年载，日出沧溟倘家在。连峰偶一望东南，云气蒙蒙生腹背。九州我昔历险夷，五岳顶上都标题。南条北条等闲耳，太乙太室输此奇。君不见，奇钟塞外天奚取，风力吹人猛飞举。一峰缺处补一云，人欲出山云不许。

解题 ○ 洪亮吉（1764—1809），字君直，一字稚存，号北江，晚号更生居士，江苏阳湖人（今江苏常州），清代文学家、学者，乾隆进士，曾任贵州学政，有《卷施阁诗文集》等。嘉庆四年（1799），谪戍伊犁，期间作有诗文多首，写塞外风光，质直明畅中又有奇峭之致，颇具特色。《天山歌》为洪亮吉前往伊犁时所作，用笔如绘，白雪绿石，坠冰飞瀑，如在目前，而山外山中，气候不齐，似处境内，又以山云互补作结，奇趣横生。

① 选自《洪亮吉集》，中华书局2001年版，第1202页。

② 票骑霍：即『骠骑霍』，汉代霍去病封骠骑将军，曾率兵出关抗击匈奴。

③ 扶风班：指汉代班超，扶风人，曾投笔从戎，平定西域三十六国。

伊犁紀事詩選十　　清　洪亮吉

畢竟誰驅澗底龍。萬峰行雨忽無蹤。危崖飛起千年石。壓倒南山合抱松。

古廟東西闢廣場。雪消齊露粉紅牆。風光穀雨尤奇麗。蘋果花開雀舌香。

芒種才過雪不霏。伊犁河外草初肥。生駒步步行難穩。恐有蛇從鼻觀飛。

鶺鴒啼處卻東風。宛與江南氣候同。杏子乍青、桑葚紫。家家樹上有黃童。

五月天山雪水來。城門橋下響如雷。南衢北巷零星甚。卻倩河流界盘開。

伏流百尺水潺湲。地勢斜衝北斗垣。高出長安一千里。故應雷雨在平原。

怪風時把撲燈蛾。舊燕巢款鼠作窠。蔥滑春收大如斗。南山濕霧入簷多。

山溝六月曉霞蒸。百果皆從延上

昇。買得塔園瓜五色。溫都斯坦
玉盤承。
戟門東去水潺湲。山色周遭柳作
垣。日昃馬行三十里。納涼須駐會
芳園。
結客城南緩步迴。水雲寬處浪如
雷。昨宵一雨渾河長。十萬魚清
擁甲來。

伊犁纪事诗（选十）①

清·洪亮吉

毕竟谁驱涧底龙，高低行雨忽无踪。危崖飞起千年石，压倒南山合抱松。

古庙东西辟广场，雪消齐露粉红墙。风光谷雨尤奇丽，苹果花开雀舌香。

芒种才过雪不霏，伊犁河外草初肥。生驹步步行难稳，恐有蛇从鼻观飞。

鹁鸪啼处却东风，宛与江南气候同。杏子乍青桑葚紫，家家树上有黄童。

五月天山雪水来，城门桥下响如雷。南衢北巷零星甚，却倩河流界画开。

伏流百尺水潺湲，地势斜冲北斗垣。高出长安一千里②，故应雷雨在平原。

怪风时起扑灯蛾，旧燕巢欹鼠作窠。蒸得春蚊大如斗，南山湿雾入帘多。

山沟六月晓霞蒸，百果皆从筵上升。买得塔园瓜五色，温都斯坦玉盘承③。

戟门东去水潺湲，山色周遭柳作垣。日昃马行三十里，纳凉须驻会芳园④。

结客城南缓步回，水云宽处浪如雷。昨宵一雨浑河长，十万鱼皆拥甲来。

解题 〇 洪亮吉作有《伊犁纪事诗》四十二首，以七言绝句连缀成章，以明快的语言全方位地向读者介绍伊犁的自然风光与社会面貌。此处选其十，展示了伊犁气候、农作、风景、动植物等。

① 选自《洪亮吉集》，中华书局 2001 年版，第 1211—1215 页。

② 伊犁城海拔高于西安，然亦未至于千里，洪亮吉自注『伊犁地形高出西安八百余里』，亦为虚言。

③ 塔园、温都斯坦：时伊犁北郭外满洲驻防塔氏章京园内有五色瓜，及温都斯坦所制玉盘，皆为名产。

④ 会芳园：绥定城总兵署后花园。

西陲竹枝詞 選十　清　祁韻士

哈密

玉门碛远度伊州。無数瓜畦望裏
收。天作雪山隔南北。西陲鎖鑰鐵
咽喉。

土魯番

黑風川畫柳中過。酷熱如燒喚奈

何。獨喜人稱安樂國。此間物產本未多。

庫車

古堞猶傳定遠遺。安西四鎮首龜茲。輪迴經寫唐人筆。佛洞穹窿石壁奇。

阿克蘇

邊城歲歲樂豐年。秋日黄雲被

野田。土著頭人衣帽整。紫騮腰跨
鹿皮韉。
葉爾羌
昔年西海戮鯨鯢。自奉車書静
鼓鼙。都會爭趨葱嶺畔。遠方珍
異集彫題。
和闐
里探仍是漢于闐。靈秀山川得地

偏。河水濫觴經過處。天生美玉勝藍田。

英吉沙爾

重重遠戍兒煙霏。雪霽春融百草肥。大食遺民歌鼓腹。瓜囊雜飽倚斜暉。

喀什噶爾

雲開秦海望西池。城保迤連接

塞陲。莫数漢家三十六。懷柔罕已

極條支。

巴里坤

西北由來古戰場。即今武廓靖嚴

疆。陰山剩有窦碑在。猶帶松風

卧夕陽。

烏魯木齊

墓沙嶺北閼王庭。絕嘯排穴擁

翠屏。郡縣久經成腹裏。輪臺
舊跡草青〻。

西陲竹枝词（选十）[1]

清·祁韵士

哈密[2]

玉门碛远度伊州，无数瓜畦望里收。天作雪山隔南北，西陲锁钥镇咽喉。

土鲁番[3]

黑风川尽柳中过，酷热如烧唤奈何。独喜人称安乐国，此间物产本来多。

库车[4]

古堞犹传定远遗，安西四镇首龟兹。轮回经写唐人笔，佛洞穹窿石壁奇。

阿克苏[5]

边城岁岁乐丰年，秋日黄云被野田。土著头人衣帽整，紫骝腰跨鹿皮鞯。

叶尔羌[6]

昔年西海戮鲸鲵，自奉车书静鼓鼙。都会争趋葱岭畔，远方珍异集雕题。

和阗[7]

黑探仍是汉于阗，灵秀山川得地偏。河水滥觞经过处，天生美玉胜蓝田。

英吉沙尔[8]

重重远戍见烟霏，雪霁春融百草肥。大食遗民歌鼓腹，瓜囊杂饱倚斜晖。

喀什噶尔[9]

云开秦海望西池，城保遥连接塞陲。莫数汉家三十六，怀柔早已极条支。

巴里坤⑩

西北由来古战场，即今式廓靖岩疆。阴山剩有穹碑在，犹带松风卧夕阳。

乌鲁木齐⑪

茔沙岭北问王庭，绝巘排空拥翠屏。郡县久经成腹里，轮台旧迹草青青。

解题 ○ 祁韵士（1775—1815），字鹤皋，又字谐庭，号筠渌，访山，清代山西寿阳人，乾隆进士，著述颇丰，其《西陲总统事略》《藩古回部王公表传》《皇朝藩部要略》等书为今天研究西域史与民族史的重要文献。《西陲竹枝词》为祁韵士谪戍伊犁时采风所作，共一百首，此处选其十，分咏南北疆重要城市。

① 选自《西陲竹枝词》，《清代诗文集汇编》第429册，上海古籍出版社2010年版，第713—714页。

② 哈密：在新疆东部哈密盆地，特产哈密瓜、无核白葡萄，是丝绸之路的咽喉地带，西域之门户，清乾隆二十四年（1759）设哈密厅。

③ 土鲁番：即吐鲁番，在新疆吐鲁番盆地，汉代为高昌壁，清乾隆时内属，设吐鲁番厅，俗呼『安乐城』，为丝绸之路上的重要都会和门户，今尚存有高昌故城、交河故城、柏孜克里克千佛洞等。

④ 库车：又名龟兹，原为西域三十六国之一，汉代西域都护府、唐代安西都护府皆设于此。清乾隆二十三年（1758）定名库车，为丝绸之路中道枢纽。

⑤ 阿克苏：意为『白水』，汉代为姑墨国，清代定今名，时居民多事耕种。

⑥ 叶尔羌：汉代为莎车国，后汉并于于阗，明代为叶尔羌，丝绸之路要点，清代为边境贸易中心。诗中『远方珍异集雕题』即写叶尔羌贸易情景。

⑦ 和阗：即和田，古称于阗，原西域三十六国之一，以玉石与乐舞闻名。

⑧ 英吉沙尔：维吾尔族语『新城』之意，西汉为疏勒国地，特产巴旦杏。

⑨ 喀什噶尔：原为西域三十六国中的疏勒，即今喀什，为南疆第一大城，丝绸之路重镇，清代与克什米尔、拉达克、孛露等有繁荣的贸易往来。

⑩ 巴里坤：地处天山北麓，汉代为蒲类国地，东南有松树塘，为丝绸之路通往北疆的必经通道，有唐代姜行本（一说侯君集）的纪功碑出土，本诗后二句即写此事。

⑪ 乌鲁木齐：汉代车师后王庭地，清乾隆二十年（1755）始称乌鲁木齐，即蒙古族语『优美的牧场』意，新疆维吾尔自治区首府，地处天山南北交通要道，为丝绸之路天山北麓所经重要地区。

新疆南路賦 節選

清 徐松

既通四譯。爰建八城。首曰疏勒。參贊之庭。環列八衛。分屯四營。臨徒多以為固。據磐橐之峥嶸。次曰依耐。新建是名。領隊治之。如古附庸。架沙櫟以橫亘。實咽喉之所嬰。次三寬廣。是曰葉奇。次四和闐。水跡爰基。澄山涉

淵。貢玉於斯。架輝煌之琳宇。璵璐
耀以𪓐碑。導三支以派別。挹六塗
之繁滋。次而永寧。不當孔道。騰雋
藻以屯。開杭鷲落以城。拖負地險以
牙孽。絶根株於再造。更建置之因
時。酌損益於多寡。六曰阿䕲。四戒述經
衢。溫宿。姑墨。二國遺墟。壇坑治以資
鼓鑄。以貨流於羌胡。襟二城而航而

渡則該通於舟車。次七屆落。次八馬

者東西並峙。接壤鎮之惟渠犂

與輪臺。處適中。而在昔漢田官之相

近。唐安西之所治。衛拉二旗。向化來移。

天覆地載。主盟分旗。汗暨貝子授

地。有若咸統於哈喇沙爾。俾牧於裕

勒都斯。

其東則導以廣安之城。闢展之邑。

億負大州。傍涯風穴。因茲碣駭。堪輿色。歎薄人物。十不存一。壇曼泱滯。煩冤拂鬱。千百餘里。以屬於哈密。其西即域以劍末之谷。謁叉之民。嶢嶢造天。葱嶺輪囷。闐從福舍種別。休循蟻緣。入壁鐵石。重闉疏索相引。懸度罽賓。頭痛身熱。與死為鄰。陰阻危害。嵱嵷嶙峋。馬行

四十日。以極於大秦。其南則岷嶓依
山阻。陰雲陽。盛夏含凍。不若暴強
亂鑄殘陘緣天散光。瘴癘中人。
往往而僵。登降施靡。攀援頡頏。三
危鳥道。四踰羊腸。棟科捷徑。天
然之疆。其北則喀克善山。折而東出。
結為凌山。嶔崟屼嵂。巨源百里。臨
冈靡骨。騎步相持。失不容髮。雪

海作風。千軍坐沒。陰瀦慘廩。嬰
姍數窣。千二百里。伊犁之域。其中
路南河。北河。雙直如弦。樹枝達利。
流玉于闐。左合枝水。廠狀井闌。计戍
東注。緣磧北邊。攢擾淤岸。龜茲通
川。敦薨溢海。連城裂田。劃鹵棋
累。餘溜龍幡。少禽多鬼。霧經雲
還。星日藏壑。冬夏涵天。渾渾泡泡。

宇蘭之淵。地底流脈。壁上醴泉。乃
會百泓之星海。而東為萬古之河
源。

新疆南路赋（节选）[1]

清·徐 松

既通四译，爰建八城。首曰疏勒，参赞之庭，环列八卫，分屯四营。临徙多以为固，据盘橐之峥嵘。次曰依耐，新建是名。领队治之，如古附庸。架沙梁以横亘，实咽喉之所婴。次三宽广，是曰叶奇。次四和阗，水迹爰基。登山涉渊，贡玉于斯。粲辉煌之琳宇，焕照耀以丰碑。导三支以派别，抚六城之繁滋。次五永宁，不当孔道。腾皃藻以屯开，抗鹰落以城抱。负地险以牙孽，绝根株于再造。更建置之因时，酌损益于多寡。六曰阿苏，四达经衢。温宿、姑墨，二国遗墟。坛坑冶以资鼓铸，则货流于羌胡。襟二城而航五渡，则路通于舟车。次七屈茨，次八焉耆，东西并峙，接壤镇之。惟渠犁与轮台，处适中而在兹。汉田官之相近，唐安西之所治。卫拉二族[2]，向化来移。天覆地载，立盟分旗，汗暨贝子，授地有差。咸统于哈喇沙尔，俾牧于裕勒都斯[3]。

其东则导以广安之城，辟展[4]之邑。儵夐火州[5]，侵淫风穴。回焱砀骇，堪舆无色。歕薄人物，十不存一。坛曼泱漭，烦冤拂郁。千百余里，以属于哈密。其西则域以剑末之谷，竭叉之民[6]，峣峣造天，葱岭轮囷。冈耸福舍，种别休循[7]。蚁缘入壁，铁石重阖。绳索相引，悬度罽宾。头痛身热，与死为邻[8]。险阻危害，嵱嵷嶙峋。马行四十日，以极于大秦[9]。其南则呢蟒依山[10]，帅阴雷阳。盛夏含冻，不若暴强。甗锜绝径，线天蔽光。瘴疠中人，往往而僵。登降施靡，攀援颉颃。三危鸟道，四路羊肠[11]。栋科捷径，天竺之疆。其北则喀克善山，折而东出，结为凌山[12]，嵚崟屼崒。巨冰百里，眩目靡骨。骑步相持，失不容发。雪海乍风，千军坐没。阴潜惨廪，媻姗教窣。千二百里，伊犁之域。其中则南河、北河[13]，双直如弦。树枝达利，流玉于阗。左合枝水，厥状井阑。计戍东注，缘碛北边。拨换淤岸，龟兹通川。敦薨溢海，连城裂田。刚卤棋累，余溜龙蟠。少禽多鬼，雾往云还。星日藏蛪，冬夏涵天。浑浑泡泡，牢兰之渊。地底流脉，壁上醽泉。乃会百泓之星海，而东为万古之河源。

解题 ○ 徐松（1781—1848），字星伯，清直隶大兴人，嘉庆进士，官至榆林知府，清代经世学派地理学家。龚自珍《己亥杂诗》称其『夫袋搜罗海内空』，著有《西域水道记》《汉书西域传补注》《新疆赋》等。嘉庆十七年（1812），徐松谪戍伊犁，期间创作了《新疆赋》，借葱岭大夫与乌孙使者之问答，详述天山南北二路地理形势，清廷平定西域武功，与乾隆帝《盛京赋》，和宁《西藏赋》鼎足而三，为清代疆舆赋的代表作。本篇选自《新疆赋》之上篇《南路赋》，先写新疆南路八城喀什噶尔、英吉沙尔、叶尔羌、和阗、乌什、阿克苏、库车、哈喇沙尔之形势，次述南路东、西、南、北、中五方风貌，书写翔实，于史可征，兼具大赋体国经野，多识博物的特点与地方史志的价值。

① 选自《西域水道记》（外二种），中华书局2005年版，第526—531页。

② 卫拉二族：卫拉，即卫拉特蒙古四部，二族指其中土尔扈特、和硕特二部，乾隆三十六年（1771）此二部自俄罗斯归中国。

③ 土尔扈特与和硕特蒙古归国后，前者设十旗，后者设四旗，分驻哈喇沙尔之大小裕勒都斯山。

④ 广安之城：即吐鲁番。辟展：在吐鲁番东。

⑤ 倏夐：语出司马相如《上林赋》，远去之意。火州：吐鲁番古称。

⑥ 剑谷：葱岭中谷名。竭叉：葱岭古国名。

⑦ 福舍：葱岭东古国。休循：葱岭西古国。

⑧ 悬度，罽（音季）宾，头痛，身热：皆《汉书·西域传》中古国。

⑨ 大秦：即古罗马帝国。

⑩ 呢蟒依山：雪山的音译，呢蟒依山即大雪山。

⑪ 三危：语出《禹贡》，此处指前藏，后藏，喀木三处。四路：指准噶尔入藏四路阿里，那克桑，腾格里淖尔，阿哈雅克。

⑫ 葱岭自喀克善山折而东，至阿克苏北，为木素尔达巴罕，即『冰岭』之音译。

⑬ 南河为叶尔羌河，北河为喀什噶尔河，即《水经注》之葱岭南河，北河。

新疆北路賦　節選

清　徐松

既戢我柯。既攝我麾。廓彼周道。物其土宜。倣自山北。郡曰鎮西。宜禾。奇臺。二縣相比。惟守與令。各有攸司。循名致實。糾厲成規。弊亦汁以均賦。態四科以廬事。間以戒衛。列營相次。屹屹會寧。睐榆所治。湯湯木

疊形同釜底。望宇遠之孤懸。通衆

山之經緯。環託疊之映淪。擒寶皇之

舊基。宜鼇思之未改。訴龍輿之

已移。

又西由化。是建州一城曰犁罪寧。洽烏

魯齊。所領縣三。巫僻副之易全。滿以

阜康。有迭屑之處。寮維昌吉之西

達爽二水以交歧。繚峻恒以靖遠。乃西

放乎綏來。爾其中樞極憲。都統建庭。北極距其後戶。福壽導其前楹。阿勒塔齊之水。直界道乎夾城。右屯八旗之勁旅。左簡九鎮之雄兵。家備犀渠之甲。人服縵胡之纓。浮游郊遂。阡陌縱橫。六道七道。二堡相併。睽乎韓懷。是屬中營。樂全。寶昌。懷義。宣仁。星羅畎畷。綺錯溝塍。溷宴

沂邪。流種火耕。一鍾實穫。百室斯
盈。兆有野處示暱。鄉校之英。高鳳
漂麥。承宮聽經。學肄賦術。歌賓
康鳴。樂詩書之藹藹。習仁讓之蒸蒸。
至其綴以慶璠。枕以嘉德。安阜抚安。
晶河之側。霜泡熬波之場。户載澗金
之籍。辰銀里之莽罠。陆奎屯之法
汨。領佈延圖之三旗。接塔巴基於直

北。建绥靖之金墉。徙雅尔之雪碛。面頞米尔之大衢凑。负捷呼楚之蒯步。四部环居。六营齐辟。斯塞陬夷落之界。袭隐重围之国。而躬来入手伊犁之域也。

翼翼乌孙。新疆之极。峻岨谿隐。极其肯綮。于则善塔斯岭导千百余山以周峙。内略伊列之川。汇九十余水而横駃。廣輪所經。各千餘里。陰陽既度。
日晷斯揆。拓舊築於一成。從卑惠遠之
百雉。其南則河流湏洛。汪洋渺淼。
長堤捍禦。不陵不弛。舫方舟而漕粟。
咸轉輸而並儀。其北則瞻德。廣仁。
左右相倚。達乎綏定。馳道逌邐。於濃
陰以隱輕。隱垂雉而雲起。其東則惠
寧驛。甚是角是椅。賦寧遠之迎曦。

惜都澗之蒨墺。高阜崛嵂以俯瞰。
貞珉照耀乎萬祺。其西則塔勒壽
城。拱宸西靡。或背山之嵬嶷。或面山
而崎巇。亂踁流以深入。乃達乎庫
隴癸。
徒觀其街衢輻輳。闤巷旁通。卅五
為衢。二四為從。守嚴更以啟閉。譙樓
從尊立乎衢中。臨東西南北向。心慈閣

而呼嵩。眡梓禝於天表。騰星緯之
熊熊。昇嶽岳於房祀。咸肸蠁於宗
工。闡幽光於貞孝。乃厲俗而移風。協
南訛於宣閭。首數穡而明農。值旱潦
而祈報。聿啟佑乎龍官。朝旗旒之。
夜鼓鼙之。沈沈幕府。矣、元戎。武士
執戟以就伍。衆司採簡以趨公。廣諏
咨於隊師。交翊贊而和衷。察嘉

肺之必至。典琛幣之恒充。閑磨域

而齲糗。傾羽以輪銅班駁之宛馬。

審轂摩於和弓。莊說澤而乎質

劘。屆景仁而肅軍容。市肆儷諧

而相競。貨貝隱賑以告豐。

新疆北路赋（节选）①

清・徐松

既戢我柯，既摄我麾。廓彼周道，物其土宜。俶自山北，郡曰镇西②。宜禾、奇台，二县相比。惟守与令，各有攸司。循名考实，纠厉成规。弊六计以均职，应四科以廉事。间以戎卫，列营相次。屹屹会宁，疏榆所治。汤汤木垒，形同釜底。望孚远之孤悬，通众山之径蹊。环托垒之畎浍，接赞皇之旧基。岂鳖思之未改，讶龙兴③之已移。

又西迪化④，是建州一。城曰巩宁，治乌鲁木齐。所领县三，丞倅副之。易金满以阜康，有迭屑之处兹。维昌吉之西达，夹二水以交歧。缭峻垣以靖远，乃西放乎绥来。尔其中枢握宪，都统建庭。北极距其后户，福寿导其前楹。阿勒塔齐之水，直界道乎两城。右屯八旗之劲旅，左筒九镇之雄兵。家储犀渠之甲，人服缦胡之缨。浮游郊遂，阡陌纵横。六道七道，二堡相并。联乎辑怀，是属中营。乐全、宝昌，怀义、宣仁。星罗畛畷，绮错沟塍。瓯窭污邪，流种火耕。一钟实获，百室斯盈。则有野处不昵，乡校之英。高凤漂麦，承宫听经。学肄蛾术，歌宾《鹿鸣》。乐《诗》《书》之蔼蔼，习仁让之蒸蒸⑤。

至其缀以庆绥⑥，枕以嘉德，安阜扼要，晶河之侧。霜泛熬波之场，户载淘金之籍。展托里之莽罠，陆奎屯之泫汩⑦。领布延图之三旗，接塔巴台于直北⑧。建绥靖之金墉，徙雅尔之雪碛。面额米尔之奫潫，负楚呼楚之崱屴⑨。四部环居，六营⑩齐辟。斯蛮陬夷落之界，袭险重固之国，而犹未入乎伊犁之域也。

翼翼乌孙，新疆之柢，峻岨豁险，握其肯綮⑪。外则善塔斯岭，导千百余山以周峙；内则伊列之川，汇九十余水而横驶。广轮所经，各千余里。阴阳既度，日星斯揆。拓旧筑于一成，耸惠远之百雉。其南则河流澒溶，汪洋渺弥。长堤捍御，不陊不阤。挽方舟而漕粟，咸转轮而兹檥。其北则瞻德、广仁，左右相倚。达乎绥定，驰道迤逦。夹浓荫以飔轻，隐金椎而云起。其东则惠宁、熙春，是角是犄。眺宁远之迎曦，惜都纲之旧毁。高阜崛嵂以俯瞰，贞珉照耀乎万祀。其西则塔勒奇城，拱宸西靡。或背山之嵬嶷，或面山而崎羲，乱经流以深入，乃达乎库陇癸。

徒观其街冲辐辏，闾巷旁通。卅五为衡，二四为纵。守严更以启闭，谯楼耸立乎衢中。临来安而北向，心恋阙而呼嵩。眄柧棱于天表，腾星纬之熊熊。升馨香于房祀，咸肸蠁⑫于宗工。阐幽光于贞孝，乃厉俗而移风。协南讹于宣闾，首教穑而明农。值旱潦而祈报，聿启佑乎龙宫。朝旗猎猎，夜鼓冬冬。沉沉幕府，奕奕元戎。武士执戟以就伍，众司操简以趋公。广诹咨于队帅，交翊赞而和衷。察嘉肺之必立，典琛币之恒充。开磨城而鳎粳，倾羽山以轮铜。班驵骏之宛马，审毂摩于和弓。莅说泽而平质剂，届景仁而肃军容。市肆僁嚣而相竞，货贝隐赈以告丰。

解题 ○ 《新疆北路赋》为《南路赋》的姊妹篇，铺陈北疆建置沿革、风土人情、奇珍异宝，与《南路赋》共同书写了清代开辟新疆、统一国家的历史进程。选文系对北疆镇西府、迪化州、伊犁等地的叙写，以城镇为中心，展开铺陈，尤重于介绍行政、军事建置，同时兼及人文景观、社会风貌。

① 选自《西域水道记》（外二种），中华书局2005年版，第543—548页。

② 镇西：《汉书》山北六国地，乾隆二十八年（1763）设镇西府，领宜禾、奇台二镇，各城分驻满汉营兵，满营驻会宁，汉营驻木垒，皆在下文。

③ 鳖思：即《长春真人西游记》记载之鳖思马城，又名别失八里、回纥城，今名吉木尔萨。龙兴：《长春真人西游记》记此城原有龙兴西寺二石刻。

④ 迪化：迪化州，治乌鲁木齐，领阜康、昌吉、绥来三县，提督率绿营驻迪化，另有巩宁城，为都统率满营所驻。

⑤ 从『则有野处不昵』至段末，写迪化文治。乾隆三十四年（1769），设迪化州及所属三县学额，后又定每科中式举人名数。

⑥ 庆绥：迪化州西七百一十里，为库尔喀喇乌苏，其城名广绥，有领队大臣、粮员驻之。嘉德：迪化州东二百三十里，为喀喇巴勒噶逊，其城名嘉德，有粮员、守备。

⑦ 莽罠（音浪）：空旷广大貌。泫（音宏）汩：水势浩瀚貌。

⑧ 布延图、塔巴台：土尔扈特在北疆有东、西、北三部六旗，其中北部落三旗，其爵为布延图亲王，在塔尔巴哈台和博克萨里游牧。

⑨ 额米尔、楚呼楚：前者为河名，后者为山名。翕潒（音渊湾）：水回漩貌。峛岁（音则力）：高大峻险貌。

⑩ 四部、六营：塔尔巴哈台所辖游牧四部为厄鲁特、察哈尔、土尔扈特、哈萨克，又驻满营、绿营、锡伯营、索伦营、察哈尔营、厄鲁特营，凡六营。

⑪ 乌孙：伊犁为古乌孙之地，清代新疆之中心，下辖瞻德、广仁、惠宁、熙春、宁远、绥定、惠远、塔勒奇、拱宸九城，将军驻惠远，俱在下文。

⑫ 肸蠁（音希响）：香气弥漫貌。惠远城北门有祠堂，为奏祀伊犁将军有功于地方之处。

冰搭坂行

清　景廉

吁嗟乎。天限南北重防閑。積雪成

海冰成山。何年巨靈運僊掌。闢開

一徑容躋攀。岡巒逶迤矗晶玉。恰

耀精光映朝旭。或如柱笏或覆盂。

或如怒猊或翔鵠。或如斷壁重欲頹。

或如平林密相屬。寒暑異致晴雨

殊。變態奇形不足。白骨成堆鬼畫符。陰雪慘淡拂征袍。滕六施威巽二猛。茫茫何處神鷹翔。勝地初臨資閱歷。不禁心揪更鑿擊。雪泥滑達石崚嶒。小徑依稀覓復覓。有時宛轉昇崖巔。二分垂外足。雖慳有時欲進不得進。墜溺忽折成深淵。俯視幽窗不可測。六有水聲鳴濺。踐步迭遭數十里。多少行人嘆觀止。豈知奇景出無窮。循梯百尺連雲起。凌山四合迷西東。奈若磴道排長空。揮手真可取明月。振衣不覺凌天風。舍騎而徒六峻坂。曲折渾疑去復返。危標戴業足遍巡。雖藉氍毹步未穩。我馬既瘏我僕痛。嶺南嶺北同崎

嶇。跋涉未已夜將半。夢魂惴惴如
驚鳥。吁嗟乎。行路之難至此極。未
捧簡書不敢息。試問前賢幾輩
度。節麾叱馭萬風千載猶相憶。

冰搭坂行[1]

清・景廉

吁嗟乎！天限南北重防闲，积雪成海冰成山。何年巨灵运仙掌，擘开一径容跻攀。冈峦叵匝矗晶玉，灼耀精光映朝旭。或如拄笏或覆盂，或如怒猊或翔鹄。或如断壁重欲颓，或如平林密相属。寒暑异致晴雨殊，变态奇形看不足。白骨成堆鬼昼号，阴雪惨淡拂征袍。滕六施威巽二[2]猛，茫茫何处神鹰翱。胜地初临资阅历，不禁心摇更齿击。雪泥滑汰石崚嶒，小径依稀觅复觅。有时宛转升崖巅，二分垂外足难烟。有时欲进不得进，坚冰忽坼成深渊。俯视幽窅不可测，下有水声鸣溅溅。跬步迍邅[3]数十里，多少行人叹观止。岂知奇景出无穷，冰梯百尺连云起。凌山四合迷西东，参差磴道排长空。挥手真可取明月，振衣不觉凌天风。舍骑而徒下峻坂，曲折浑疑去复返。危梁巀嶪[4]足逡巡，虽借氍毹[5]步未稳。我马既瘏我仆痡[6]，岭南岭北同崎岖。跋涉未已夜将半，梦魂惴惴如惊乌。吁嗟乎！行路之难至此极，手捧简书不敢息。试问前贤几辈度节麾，叱驭高风千载犹相忆。

解题○景廉（1824—1885），字秋坪，颜札氏，隶满洲正黄旗，咸丰进士，历任伊犁参赞大臣、叶尔羌参赞大臣、乌鲁木齐都统等。咸丰十一年（1861），景廉奉命往阿克苏，过冰川，作《冰岭纪程》附《度岭吟》一卷，《冰搭坂行》即为此时所作。『搭坂』为蒙古语『山岭』之意，『冰搭坂』即冰山，指阿克苏地区的托木尔山汇，为天山山脉最高部分。全诗基于亲身经历描绘雄奇瑰伟的冰山风光，堪称西域奇景。

①选自《丝绸之路诗词集》，甘肃文化出版社2018年版，第152—153页。
②滕六：神话中的雪神。巽二：神话中的风神。
③迍邅（音谆詹）：难行貌。
④巀嶪（音截业）：山高耸貌。
⑤氍毹（音渠输）：毛织的地毯。
⑥此句出自《诗经·卷耳》『我马瘏（音途）矣，我仆痡（扑）矣』，意为人困马乏。

伊犁墾荒河水利　清　施補華

林文忠公遣戍時所開。所謂四十八坎兒也。

賢者所至。有益於民如此。

浚源鑿峰眼。靈渠匯遠道。負戈屯田功相與。

勸水利之亡多。畫抑家~。村田深遷~

私。因循漫道老往。梅徐渠得倦論。

伊拉里克河水利[1]

清·施补华

林文忠公遣戍时所开，所谓四十八坎儿也[2]，贤者所至，有益于民如此。

海族群吹浪，疆臣远负戈。田功相与劝，水利至今多。垂柳家家树，回流处处科。白头遗老在，怀德涕滂沱。

解题 ○ 施补华（1835—1890），字均甫，清代浙江乌程人，同治举人，先后入祁寯藻、曾国藩、左宗棠幕，曾随左宗棠西征收复新疆。此诗写伊拉里克的水利工程，伊拉里克即今托克逊县伊拉湖乡，道光二十五年（1845）林则徐曾于此处开凿四十八处坎儿井，用以灌溉农田，至今尚留遗迹，为中华民族团结互助的历史见证。

① 选自《丝绸之路诗词集》，甘肃文化出版社 2018 年版，第 156 页。

② 林文忠公：即林则徐。坎儿：坎儿井，古称井渠，为新疆人民利用山体自然坡度，将地下水引出地表的地下水利工程。

甲辰仲春書絲語情之一
絲語勝跡文明記憶於金陵
末了齋主人時年六十有九
孫曉雲

第二辑

二

商貿行旅
駝鈴傳奇

絲路情

西極天馬歌

漢 劉徹

天馬徠兮從西極。經萬里兮歸有德。承靈威兮降外國。涉流沙兮四夷服。

西极天马歌①

汉·刘彻（汉武帝）

天马徕兮从西极②。经万里兮归有德。
承灵威兮降外国。涉流沙③兮四夷服。

解题 ○ 刘彻（前156—前87），谥号孝武皇帝，庙号世宗，政治家、军事家、战略家、文学家，著有《秋风辞》《悼李夫人赋》等。武帝时曾先后得大宛、乌孙良马，赐名『天马』『西极』，并亲自为之作歌。此歌句句入韵，明写良马，实为夸扬汉朝威德，使四方来宾，雍容大度，彰显出大国气象。

① 选自《史记》，中华书局1959年版，第1178页。
② 西极：西方极远之处。
③ 流沙：指流沙泽，后称居延泽、居延海，因淤积分为二湖，即今内蒙古额济纳旗之嘎顺诺尔湖与苏古诺尔湖。

大宛列傳（節選） 漢 司馬遷

初。漢使至安息。安息王令將二萬騎
迎於東界。東界去王都數千里。行比
至。過數十城。人民相屬甚多。漢使還。
而後發使隨漢使來觀漢廣大。以大
鳥卵及黎軒善眩人獻於漢。及宛西
小國驩潛。大益。宛東姑師。扜罙。蘇

雖之屬。皆隨漢使獻見天子。天子大
悅。
而漢使窮河源。河源出于窴。其山
多玉石。采來。天子案古圖書。名河所
出山曰崑崙云。
是時上方數巡狩海上。乃悉從外國客。
大都多人則過之。散財帛以賞賜。
厚具以饒給之。以覽示漢富厚焉。於

是大觳抵。出奇戲諸怪物。多聚觀者。行賞賜。酒池肉林。令外國客徧觀倉庫府藏之積。見漢之廣大。傾駭之。及加其眩者之工。而觳抵奇戲歲增變。甚盛益興。自此始。

大宛列传（节选）①

汉·司马迁

初，汉使至安息，安息王令将二万骑迎于东界。东界去王都数千里。行比至，过数十城，人民相属甚多。汉使还，而后发使随汉使来观汉广大，以大鸟卵及黎轩善眩人②献于汉。及宛西小国驩潜、大益，宛东姑师、扜罙、苏薤③之属，皆随汉使献见天子。天子大悦。

而汉使穷河源，河源出于窴，其山多玉石，采来，天子案古图书，名河所出山曰昆仑云。

是时上方数巡狩海上，乃悉从外国客，大都多人则过之，散财帛以赏赐，厚具以饶给之，以览示汉富厚焉。于是大觳抵④，出奇戏诸怪物，多聚观者，行赏赐，酒池肉林，令外国客遍观仓库府藏之积，见汉之广大，倾骇之。及加其眩者之工，而觳抵奇戏岁增变，甚盛益兴，自此始。

解题 ○ 选篇出于《史记·大宛列传》，主要反映出丝绸之路的两大重要功能：贸易往来与文化交流。前者为中外双方带来了大量新奇之物，如选文中安息使者带来的大鸟卵，汉天子为外国使者展示的仓库府藏，以及汉使于河源发现的美玉，等等。后者如西域进入中国的眩者（魔术）和觳抵（百戏），丰富了国人的文化生活。

① 选自《史记》，中华书局1959年版，第3171—3173页。

② 大鸟卵：传为鸵鸟之卵。黎轩：古西域国名，其地不详，今人多认为即埃及亚历山大城。善眩人：即魔术师。

③ 驩潜：古西域国名，当为『花剌子模』之别译。大益：古族名，即希罗多德《历史》中提到的达欧伊（Dai）人。苏薤：中亚古国名，即粟特之别译，位于阿姆河、锡尔河之间。

④ 觳（音决）抵：同『角抵』，原为角力、相扑、摔跤一类量力斗巧竞技，后又汇集多种幻术，成为汉代流行的体育游戏，又被称作『百戏』。

馬腦勒賦　魏　曹丕

瑪瑙。玉屬也。出自西域。文理交錯。有
似馬腦。故其方人因以名之。或以繫頸。
或以飾勒。余有斯勒。美而賦之。命
陳琳。王粲並作。辭曰。
有奇章之珍物。寄中山之崇岡。
稟金德之靈施。含白虎之華章。

扇朔方之玄氣。喜南離之炎陽。歙
中區之黃采。曜東夏之純蒼。苞五
色之明麗。配皎日之流光。命夫良工。是
剖是鐫。追形逐好。從宜索便。乃加
砥礪。刻方為圓。沉光內照。浮景外鮮。
繁文繆藻。文采接連。嘉鏤錫之盛
美。感戎馬之首飾。圖庶物之攸宜。
信君子之所服。爾乃藉彼朱罽。第

勒周成靜。存列時。浪多羅星。

马脑勒赋[1]

魏·曹丕

玛瑙，玉属也，出自西域。文理交错，有似马脑，故其方人因以名之。或以系颈，或以饰勒。余有斯勒，美而赋之，命陈琳、王粲并作。辞曰：

有奇章[2]之珍物，寄中山之崇岗。禀金德[3]之灵施，含白虎之华章。扇朔方之玄气，喜南离[4]之焱阳。歙中区之黄采，曜东夏之纯苍。苞五色之明丽，配皎日之流光。命夫良工，是剖是镌；追形逐好，从宜索便。乃加砥砺，刻方为圆。沉光内照，浮景外鲜，繁文缛藻，交采接连。嘉镂锡之盛美，感戎马之首饰。图兹物之攸宜，信君子之所服。尔乃借彼朱罽[5]，华勒用成。骈居列跱[6]，焕若罗星。

解题 ○ 曹丕（187—226），字子桓，沛国谯县人（今安徽亳州），三国时期政治家、文学家，曹魏开国皇帝，著有《典论》，有《魏文帝集》。其诗受民歌影响，语言通俗，描写细致。此赋为建安二十一年（216）以前，曹丕与文友的唱和之作。勒为带嚼口的马笼头，以西域玛瑙作勒，一则说明汉末西域宝石已经在中原地区广为流通，二则亦显示出中原地区对于西域奇珍的喜爱。

① 选自《曹丕集校注》，河北教育出版社2013年版，第83—85页。『马脑』通『玛瑙』。
② 奇章：奇特的花纹。
③ 金德：五行中石属金。玛瑙似玉而不脆，有韧性，若金属，故云玛瑙禀金德，即有金属特质。
④ 南离：南方。后天八卦，离位在南，故称南方为南离。
⑤ 朱罽（音季）：朱红色的带子，本为毛织物，此指用丝毛结的饰。
⑥ 骈居列跱：朱罽与玛瑙勒两美并呈。

車渠碗賦

魏　曹丕

車渠。玉屬也。多纖理縟文。生於西國。其俗寶之。

惟二儀之普育。何萬物之殊形。料珍怪之上美。無茲碗之獨靈。苞華文之光麗。發符采而揚榮。理交錯以連屬。似將離而復并。或若朝雲浮高山。包似飛鳥厲藝天。夫其方者如矩。圓者如規。稠稀不深。淺纖有宜。

车渠碗赋①

魏·曹丕

车渠，玉属也，多纤理缛文，生于西国，其俗宝之。

惟二仪②之普育，何万物之殊形。料珍怪之上美，无兹椀③之独灵。苞华文之光丽，发符采而扬荣；理交错以连属，似将离而复并。或若朝云浮高山，忽似飞鸟厉艺天。夫其方者如矩，圆者如规，稠稀不谬，洪纤有宜。

① 选自《曹丕集校注》，河北教育出版社2013年版，第85—86页。

② 二仪：天地，又称『两仪』。

③ 椀：同『碗』。

解题○ 此赋作于建安二十一年（216）以前，为与文友的唱和之作。车渠今作砗磲，系贝类动物砗磲之壳，为重要有机宝石。砗磲本产于海中，而汉末人士多称其为『西国重宝』，其说有二。一说西域地区曾为沧海，而后变为山脉，故留有砗磲化石；一说汉末所见砗磲源于古罗马和印度，在长时间中转后，经丝绸之路进入中原。不论何说，皆说明了丝绸之路的重要贸易价值。

迷迭香賦

魏 曹植

播西都之麗草兮。應青春而凝暉。流翠葉於纖柯兮。結微根於丹墀。信繁華之速實兮。弗見彫於嚴霜。芳暮秋之幽蘭兮。麗崑崙之芝英。既經時而收采兮。遂幽殺以增芳。去枝葉而持御兮。入綃縠之霧裳。附玉體以行止兮。順微風而舒光。

迷迭香赋①

魏·曹植

播西都之丽草兮，应青春②而凝晖。流翠叶于纤柯兮，结微根于丹墀。信繁华之速实兮，弗见雕于严霜。芳暮秋之幽兰兮，丽昆仑之芝英。既经时而收采兮，遂幽杀③以增芳。去枝叶而特御④兮，入绡縠之雾裳。附玉体以行止兮，顺微风而舒光。

解题○曹植（192—232），字子建，沛国谯县人（今安徽亳州），三国时期曹魏诗人、文学家，有《曹子建集》。此赋所写之迷迭香，原产于北非地中海沿岸和欧洲，经丝绸之路，于三国时期传入中国北方。《本草纲目》云：『迷迭香，魏文帝时移植庭中。』而魏文帝曹丕、其弟曹植及周围文士都有相关创作，体现了陆上丝绸之路为中国带来的丰富异域特产。

① 选自《曹植集校注》，中华书局2016年版，第206页。
② 青春：《尔雅·释天》：『春为青阳』，因名春为青春。
③ 幽杀：密闭收藏之意。
④ 特御：独用。

四夷館　北朝　楊衒之

東夷來附者，處扶桑館，賜宅慕
化里。西夷來附者，處崦嵫館，賜宅
慕義里。自葱嶺已西，至於大秦，百國
千城，莫不歡附，商胡販客，日奔塞
下，所謂盡天地之區已。樂中國土風
因而宅者，不可勝數。是以附化之民，

萬有餘家。门巷修整。閭闔填列。

青槐蔭陌。绿柳垂庭。天下難得之

貨。咸悉在焉。

四夷馆[1]

北朝·杨衒之

东夷来附者，处扶桑馆，赐宅慕化里。西夷来附者，处崦嵫馆，赐宅慕义里。自葱岭已西，至于大秦，百国千城，莫不款附[2]。商胡[3]贩客，日奔塞下。所谓尽天地之区已。乐中国土风因而宅者，不可胜数。是以附化之民，万有余家。门巷修整，阊阖填列[4]。青槐荫陌，绿柳垂庭。天下难得之货，咸悉在焉。

解题○ 杨衒之（生卒不详），北平（今河北满城）人，北魏散文家，有《洛阳伽蓝记》，记述佛寺园林的盛衰兴废，与当时豪门贵族、僧侣地主的豪奢淫逸，寓有讥评之意，文笔秾丽秀逸，骈中有散，颇具特色。《四夷馆》描写来朝胡商的居住地点及其入乡随俗，以小见大，表现出大国风范。

① 选自《洛阳伽蓝记》，中华书局2010年版，第117页。
② 大秦、款附：大秦，即古东罗马帝国。款附，指诚心归服。
③ 商胡：古代称到中国经商的胡人，多指粟特、大食商人。
④ 填列：充溢，密集。

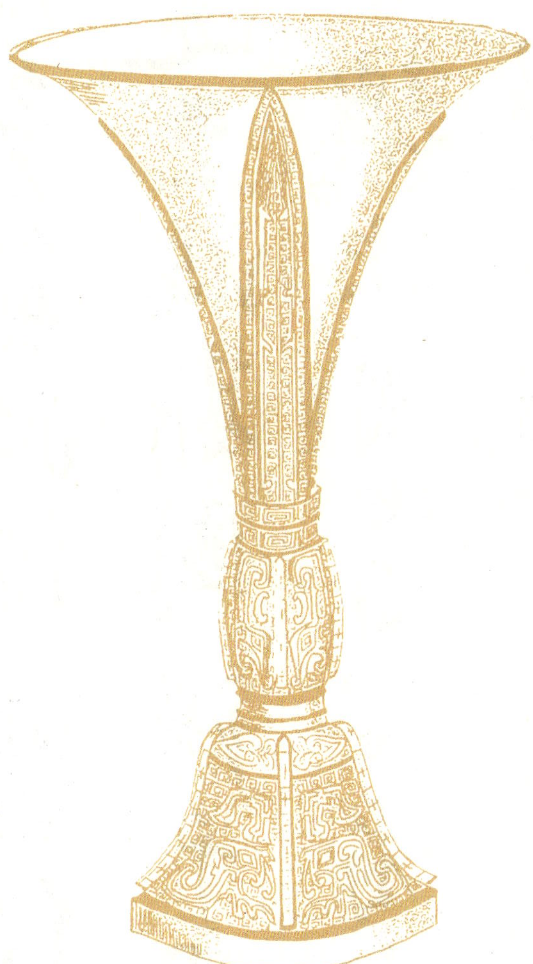

王子坊　北朝　楊衒之

琛在秦州。多無政績。遣使向西域
求名馬。遠至波斯國。得千里馬。號
曰追風赤驥。次有七百里者十餘匹。皆
有名字。以銀為槽。金為環鎖。諸王服
其豪富。琛常語人云。晉室石崇。乃
是庶姓。猶能雉頭狐腋。畫卵雕薪。

況我大魏天王。不為華侈。造迎風館於後園。牕戶之上。列錢青瑣。玉鳳銜鈴。金龍吐佩。素柰朱李。枝條入簷。伎女樓上。坐而摘食。琛常會宗室。陳諸寶器。金瓶銀甕百餘口。甌檠盤盒稱是。自餘酒器。有水晶鉢。瑪瑙琉璃碗。赤玉巵數十枚。作工奇妙。中土所無。皆從西域而來。

王子坊[1]

北朝·杨衒之

琛在秦州，多无政绩，遣使向西域求名马，远至波斯国，得千里马，号曰『追风赤骥』。次有七百里者十余匹，皆有名字。以银为槽，金为环锁，诸王服其豪富。琛常语人云：『晋室石崇[2]，乃是庶姓，犹能雉头狐腋、画卵雕薪[3]，况我大魏天王，不为华侈？』造迎风馆于后园，窗户之上，列钱青琐，玉凤衔铃，金龙吐佩。素柰朱李，枝条入檐，伎女楼上，坐而摘食。琛常会宗室，陈诸宝器。金瓶银瓮百余口，瓯檠盘盒称是。自余酒器，有水晶钵、玛瑙琉璃碗、赤玉卮数十枚，作工奇妙，中土所无，皆从西域而来。

解题 ○ 《王子坊》选自《洛阳伽蓝记》，叙述北魏宗室河间王元琛的逸奢生活，而其豪富过于诸王之处，正在于所拥有的西域奇珍。一是其在秦州任上以职务之便求来的波斯名马，一是『作工奇妙』的宝石酒器。由此可以见出，南北朝时虽战事频仍，然丝路驼铃不绝，异域特产始终供于中国，尤为贵族所宝，成为身份地位的象征。

① 选自《洛阳伽蓝记》，中华书局 2010 年版，第 149—150 页。

② 石崇：西晋荆州刺史，劫远使商客致富，曾与贵戚王恺比富。

③ 雉头狐腋、画卵雕薪：用雉头之羽、狐腋之毛制成的裘衣，在鸡蛋、薪木上雕画图案。二语形容生活上追求奢侈。

高都護驄馬行

唐 杜甫

安西都護胡青驄。聲價欻然
來向東。此馬臨陣久無敵。與人一心
成大功。功成惠養隨所致。飄飄遠自
流沙至。雄姿未受伏櫪恩。猛氣猶
思戰場利。腕促蹄高如踣鐵。交
河幾蹴層冰裂。五花散作雲滿

身。萬里方看汗流血。長安壯兒不
敢騎。走過掣電傾城知。青絲絡
頭為君老。何由却出橫門道。

高都护骢马行①

唐·杜甫

安西都护②胡青骢，声价欻然来向东。
此马临阵久无敌，与人一心成大功。
功成惠养随所致，飘飘远自流沙至。
雄姿未受伏枥恩，猛气犹思战场利。
腕促蹄高如踣铁，交河③几蹴曾冰裂。
五花④散作云满身，万里方看汗流血。
长安壮儿不敢骑，走过掣电倾城知。
青丝络头为君老，何由却出横门道。

解题 ○ 西域自古盛产名马，汉代时先后得到大宛、乌孙良马，前者尤为著名。大宛马高速奔跑后，肩颈部隆起，流出汗水中含红色物质，鲜红似血，故又名汗血马。此诗咏安西都护高仙芝所乘骏马，雄姿矫健。『与人一心成大功』既写出了诗人的胸襟抱负，亦侧面反映出丝路开辟以来给中国带来的物产便利。

① 选自《杜诗详注》，中华书局2015年版，第107页。
② 安西都护：唐六都护府之一，贞观十四年（640）平高昌置，辖安西四镇，辖境常与境外东突厥、吐蕃、大食等势力发生关系。诗中都护指高仙芝。
③ 交河：安西都护府治所。
④ 五花：唐人喜将马鬃修剪成瓣，五瓣者称为『五花』。

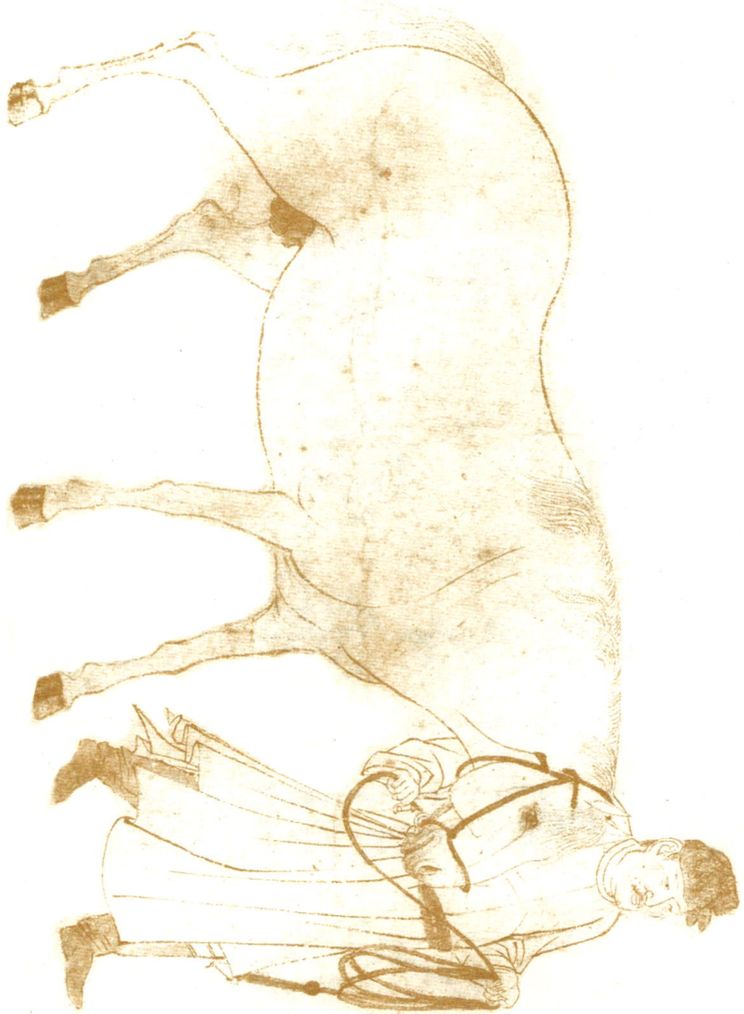

天竺國胡僧水晶念珠　唐　無名氏

天竺胡僧踏雲立，紅精素貫鮫人泣。細影疑隨焰火銷，圓光恐滴袈裟濕。夜梵西天千佛聲，指輪次第驅寒星。若非葉下滴秋露，則是井底圓泰液。凍清妙麗應難併，眼界真如意珠靜。碧蓮花花独提携。坚漂何如幻泡影。

天竺国胡僧水晶念珠[1]

唐·无名氏

天竺胡僧踏云立，红精素贯鲛人[2]泣。
细影疑随焰火销，圆光恐滴袈裟湿。
夜梵西天千佛声，指轮次第驱寒星。
若非叶下滴秋露，则是井底圆春冰。
凄清妙丽应难并，眼界真如意珠静。
碧莲花下独提携，坚洁何如幻泡影。

解题 ○ 唐代异域行商、僧侣大量进入中国，带来众多新奇之物，留下了『胡僧识宝』的故事原型。此诗写天竺胡僧水晶念珠。唐代西域康国、罽宾等地便是知名水晶产地，多次向唐朝进贡水晶，相关制品又以水晶珠最为常见。诗中水晶念珠以红索贯串，与念珠交相辉映，如寒星映火、秋露春冰，又出以『梦幻泡影』的佛家真趣，同时反映出丝绸之路的贸易与文化交流。

① 选自《丝绸之路诗词选》，甘肃文化出版社 2018 年版，第 75—76 页。
② 鲛人：旧传海中有鲛人，泣泪而成珍珠。此处借指水晶念珠。

天香 龍涎香

宋 王沂孫

孤嶠蟠煙。層濤蛻月。驪宮夜采鉛
水。汛遠槎風。夢深薇露。化作斷
魂心字。紅瓷候火。還乍識。冰環玉指。
一縷縈簾翠影。依稀海天雲氣。
幾回殢嬌半醉。剪春燈。夜寒花
碎。更好故溪飛雪。小窗深閉。荀令

如今顿老。总忘却。尊前旧风味。
漫惜余熏。空篝素被。

天香 龙涎香⑦

宋·王沂孙

孤峤蟠烟，层涛蜕月②，骊宫夜采铅水。汛远槎风，梦深薇露③，化作断魂心字。红瓷候火，还乍识、冰环玉指④。一缕萦帘翠影，依稀海天云气。

几回殢娇⑤半醉。翦春灯、夜寒花碎。更好故溪飞雪，小窗深闭。荀令⑥如今顿老，总忘却、尊前旧风味。漫惜余熏，空篝素被。

解题○ 王沂孙（？—约1290），字圣与，号碧山、中仙、玉笥山人，会稽人，南宋词人，有《花外集》，又名《碧山乐府》。龙涎香实为抹香鲸肠内分泌物的干燥品，焚之有持久的甘甜质香味，历代作为高级香料，系海上丝绸之路的重要物产。此词为咏物之作，上片由取材、制香写起，体物入微；下片写龙涎香气，即物寓情，寄托遥深，上实下虚，脉络分明，开合有致。

① 选自《王沂孙词集》，上海古籍出版社2011年版，第1页。
② 蜕月：形容一弯新月如嬗蜕而出。
③ 梦深薇露：形容深夜制龙涎香情景，制香需取蔷薇花露与龙涎共同研和。
④ 冰环玉指：龙涎香形如环指，玉润冰莹。
⑤ 殢（音替）娇：娇柔貌。
⑥ 荀令：指曹操的谋臣荀彧，曾任尚书令，故称『荀令君』。传说他曾得异香，用以熏衣，余香三日不散。此处以荀令衣香喻龙涎香气。

回紇紀事

元　丘處機

回紇丘墟萬里疆。河中城大最爲強。滿城銅器如金器。一市戎裝似道裝。翦鏃黃金爲貨賂。裁縫白㲲作衣裳。靈瓜素椹非凡物。赤縣何人搆得嘗。

回纥纪事[1]

元·丘处机

回纥丘墟万里疆，河中城大最为强。
满城铜器如金器，一市戎装似道装。
翦镞黄金为货赂，裁缝白氎[2]作衣裳。
灵瓜素椹非凡物[3]，赤县何人构得尝。

解题 ○ 此诗与前《至回纥城暇日出诗一篇》作于同时期。与前诗的整体描述城池不同，此诗则介绍回纥城中风物，如铜器、戎装等，尤其是新疆白棉与哈密瓜、白桑葚最具特色。

① 选自《丝绸之路诗词选》，甘肃文化出版社 2018 年版，第 84 页。
② 白氎（音叠）：又名白叠，一种白棉布。棉花从印度传入我国，经南北两路，南路由南洋经海上丝绸之路传入云南，陆路经西域传至新疆，即新疆棉，在唐宋时被视为珍品。
③ 灵瓜、素椹：即哈密瓜、白桑葚，皆新疆特产。

華夷互市圖

明 王世懋

大漠高空寨建牙。兩軍相見醉琵琶。天閒苜蓿多羌種。胡女胭脂畫漢家。雲裏射生旋入市。日中歸騎不飛沙。金錢半減犂庭費。可利應知晉史誇。

华夷互市图[1]

明·王世懋

大漠高空寂建牙，两军相见醉琵琶。
天闲苜蓿多羌种，胡女胭脂尽汉家[2]。
云里射生旋入市，日中归骑不飞沙。
金钱半减犁庭费，五利应知晋史夸[3]。

解题○ 王世懋（1536—1588），字敬美、季美，号麟洲、损斋、墙东生，明代南直隶太仓人，『后七子』中王世贞胞弟，嘉靖进士，官至南京太常寺少卿，有《奉常集》《奉常诗集》。此诗为一首题画诗，画作内容则反映了明代『华夷互市』的场景。此诗虽短，却有三点值得关注：一是它讴歌了和平，指出了交流互市的重要性，主张以文明取代战争，即『两军相见醉琵琶』。二是不再单方面强调异域珍宝的『引进来』，而是中外互利，中国的胭脂等物品也在『走出去』。三是互市场景出现在画面上，说明此时对外通商已经是社会生活的常态，表现出明代繁荣的海外贸易。

① 选自《丝绸之路诗词选》，甘肃文化出版社2018年版，第106页。
② 此句分别以苜蓿、胭脂代指西域和中原货物在市场上互通有无。苜蓿，张骞通西域时引进的牧草。
③ 五利，晋史：春秋时晋国卿士魏绛主张友好睦邻，提出『和戎五利』，使得晋国再次强大，成为霸主。此句用典，指互市之利。

京師城隍廟市

明 黃景昉

黃金百如意。但何燕市趨。燕市何所有。燕市以所無。大賽去琅玕。中使錦氍毹。呵聲填道路。競過波斯胡。波斯坐上頭。呼使碧眼奴。木家來秦地。鮫人出海隅。並復善拂拭。手爪自然殊。十欄十氍圍。同貝以所需。貫琴得枕附。買劍得鹿盧。雙玉璫璫鼓。五鼓璫璫匾。釵頭金鳳子。飾以明月珠。儼家高鞋鞨。石家富珊瑚。珊瑚何離離，枝葉自相扶。金膏若大國。水晶如小郡。是日政三五。傾城爭此途。如在玉山行。不覺白日晡。好物好倩主。大家多歡娛。譬彼燕市中。荊卿遇狗屠。一家獨憔悴。憔悴復是吾徒。

探囊無一物。手但捋髭鬚。終日空
摩挲。為彼所揶揄。歸來自怨怒。自
悔身為儒。

京师城隍庙市[1]

明·黄景昉

黄金百如意，但向燕市趋。燕市何所有？燕市何所无？
大寮青琅玕，中使锦氍毹。呵声填道路，竞过波斯胡[2]。
波斯坐上头，呼使碧眼奴。木客[3]来秦地，鲛人出海隅。
兼复善拂拭，手爪自然殊。十榻十毡围，问君何所需？
买琴得蛇跗，买剑得鹿卢[4]。双玉谓之瑴[5]，五瑴谓之区。
钗头金凤子，饰以明月珠。仙家高靺鞨[6]，石室富珊瑚。
珊瑚何离离，枝叶自相扶。金膏差大国，水晶如小邾。
是日政三五，倾城争此途。如在玉山行，不觉白日晡。
好物好售主，大家各欢娱。譬彼燕市中，荆卿遇狗屠。
一客独憔悴，似复是吾徒。探囊无一物，手但捋髭须。
终日空摩挲，为彼所揶揄。归来自怨怒，自悔身为儒。

解题 ○ 黄景昉（1596—1662），字太稺，号东崖先生，明代福建晋江人，天启进士，官至户部尚书、文渊阁大学士，有《瓯安馆集》。此诗写明代北京的都城隍庙庙会，系北京最早的庙会之一，农历每月初一、十五、廿五开市。开市时，商贩云集辐辏，中外货物，无不齐聚，尤以碧眼虬髯、腰缠百万的胡商为市场一景。诗末『归来自怨怒，自悔身为儒』，既是戏谑之语，亦反映出明末商人社会地位攀升的历史进程。

① 选自《丝绸之路诗词选》，甘肃文化出版社2018年版，第112页。
② 波斯胡：即胡商。唐代以来，波斯胡商以善识宝著称，后遂成为胡商代名词。
③ 木客：传说中的山中异物。
④ 蛇跗：名琴，有纹如蛇之跗，故名。鹿卢：宝剑。
⑤ 瑴（音决）：同『珏』，合在一起的两块玉。
⑥ 靺鞨（音末河）：宝石名，即红玛瑙。

涼州葡萄酒二首　清　張澍

涼州美酒說葡萄。過客傾囊質寶刀。不願封侯懸斗印。聊將一醉臥亭皋。

大好紅醁噴鼻來。翁翁入口洗愁腸。琵琶且擺彈新曲。萬調依結在石涼。

凉州葡萄酒二首[①]

清·张澍

凉州美酒说葡萄，过客倾囊质宝刀。
不愿封侯悬斗印，聊拼一醉卧亭皋。
大好红醪喷鼻香，嗡嗡入口洗愁肠。
琵琶且拢弹新曲，高调依然在五凉[②]。

解题○ 张澍（1776—1847），字时霖、伯瀹、寿谷，别号介侯、介白、鸠民，清代甘肃武威人，嘉庆进士，清代文献学家。凉州系武威旧称，泛指甘肃地区，旧时为葡萄酒产地，东汉孟佗曾以一斗葡萄酒贿赂宦官张让，换得凉州刺史，留下了『斗酒博凉州』的美誉。此诗以凉州士人自书特产，古直质朴，别有风味。

① 选自《丝绸之路诗词选》，甘肃文化出版社2018年版，第144页。
② 五凉：十六国时期，河西走廊先后出现五个以『凉』为国号的政权，即前凉、后凉、南凉、西凉、北凉，后以五凉泛指甘肃地区。

烏魯木齊雜詩 選十　清　紀昀

蒲桃法酒莫重陳，小勺鵝黃一色勻。
攜得江南風味到，夏家新釀洞庭春。

雲母窗櫺片片明，往來人在鏡中行。
七盤峻坂頑如鐵，此骨何緣似水精。

秋深寶氣滿山頭。瑪納斯南半紫

鏐。雨載驚心馳羽檄。春添消後似

防秋。

白狼蒼豹絳毛熊。雪嶺時時射

獵逢。乃個山所新雨後。春泥纔見

虎蹄蹤。

甘瓜別種碧團圞。錯作花門小笠看。

午夢初回微渴後。嚼來真似水晶

寒寒。

凱渡河魚八尺長。分明風味似鱘鰉。西秦祇解紅羊飫。特乞倉公製膾方。

綠葉翻翻翠色鋪。小園多種淡巴菰。紅潮暈頰濃於酒。別調氤氳亦自殊。

西到寧邊東阜康。狐狸處處遇

徽範。謀衣節比年裘易。絮絮臨風一色黃。

澄澈戎鹽出水涯。分明青玉淨無瑕。粉糙不及交河產。一色輕紅似杏花。

鑿破雲根石竇開。朝朝煤戶到城來。北山更比西山好。須辨寒爐一夜灰。

乌鲁木齐杂诗（选十）[7]

清·纪昀

蒲桃法酒莫重陈，小勺鹅黄一色匀。携得江南风味到，夏家[2]新酿洞庭春。

云母[3]窗棂片片明，往来人在镜中行。七盘峻坂顽如铁，山骨何缘似水精？

夜深宝气满山头，玛纳斯南半紫镠[4]。两载惊心驰羽檄，春冰消后似防秋。

白狼苍豹绛毛熊，雪岭时时射猎逢。五个山头新雨后，春泥才见虎蹄踪。

甘瓜别种碧团圞，错作花门小笠看[5]。午梦初回微渴后，嚼来真似水晶寒。

凯渡河[6]鱼八尺长，分明风味似鲟鳇。西秦只解红羊鲊，特乞仓公制脍方[7]。

露叶翻翻翠色铺，小园多种淡巴菰[8]。红潮晕颊浓于酒，别调氤氲亦自殊。

西到宁边东阜康，狐踪处处认微茫。谋衣却比羊裘易[9]，粲粲临风一色黄。

澄澈戎盐[10]出水涯，分明青玉净无瑕。犹嫌不及交河产，一色轻红似杏花。

凿破云根石窦开，朝朝煤户到城来。北山更比西山好[11]，须辨寒炉一夜灰。

解题○纪昀（1724—1805），字晓岚，春帆，号石云，清代直隶献县（今河北沧县）人，清代学者，诗人，乾隆进士，官至礼部尚书。乾隆三十三年（1768），纪昀因罪谪戍乌鲁木齐，历时二年，遇赦后，他追忆过往，作成《乌鲁木齐杂诗》一百六十首，全方位，多角度地展示了此间的自然风物，人文景观，奇特物产，社会风气，民间习俗等。此处选其十首，着重介绍乌鲁木齐的物产，既有河鱼、狐狸、蜜瓜、烟草这样的动植物，也有云母、紫金、青盐、煤炭这样的矿物。

① 选自《纪晓岚文集》，河北教育出版社1995年版，第602—606页。

② 夏家：纪昀自注有贵州夏髯，以绍兴法酿葡萄酒，名『仿南』。

③ 云母：七打坂山（即下文『七盘峻坂』）盛产云母，薄片透光，新疆人以此糊窗。

④ 玛纳斯：即今新疆玛纳斯县，自古为黄金和碧玉产地。紫镠（音刘）：紫磨金，一种成色较好的黄金。

⑤ 花门：原指居延海附近的花门山，唐天宝为回纥所据，此处代指信仰回教的维吾尔族人。小笠：维吾尔族所戴的一种花色小帽，因蜜瓜从中切开后，形色酷似维吾尔族小帽，故别名『回回帽』。

⑥ 凯渡河：今焉耆河，盛产河鱼。

⑦ 红羊鲊（音炸）：加工制作的羊肉。仓公：乌鲁木齐仓大使姚焕，因维吾尔族人信仰伊斯兰教，故多食牛羊，不擅烹鱼，才向来自浙江的仓大使姚焕请教烹饪方法。

⑧ 淡巴菰（音孤）：即烟草，明代由南美传入我国。

⑨ 当时新疆狐狸甚多，致有狐裘贱于羊皮裘之奇景。

⑩ 戎盐：即岩盐，此处代指乌鲁木齐出产的湖盐，因青色，又名青盐，与交河等地所产的红盐（矿盐）不同。

⑪ 乌鲁木齐北山产无烟煤，西山产烟煤，故曰『北山更比西山好』。

紅毛酒歌

清 馬振垣

秦望山頭風不吼。一夕雪花深没膝。玉樓銀海徹骨寒。石鼎金爐火不守。主人飲我玻璃杯。云是南海紅毛酒。紅毛之酒紅於血。色香異味三奇絕。傾之一盞即醺人。葡萄椰子失芳冽。紅毛之國在何許。或是暹

羅真臘伍。綠醑初醱琉璃瓶。一滴
染指貴於璣。聖人有道四海一。異域
傾誠貢上國。萬里飛檣航海來。巨
鰲怪蛟奪不得。我欲飲此乘與直
上之海迦巔。指顧島嶼在目前。蓬
萊三山凌風到。下視人世空茫然。

红毛酒歌[1]

清·马振垣

秦望山[2]头风夜吼，一夕雪花深没牖。
玉楼银海彻骨寒，石鼎金炉火不守。
主人饮我玻璃杯，云是南海红毛酒。
红毛之酒红于血，色香异味三奇绝。
倾之一盏即醺人，葡萄椰子失芳洌。
红毛之国在何许，或是暹罗真腊[3]伍。
绿醅初酦琉璃瓶，一滴染指贵于琥。
圣人有道四海一，异域倾诚贡上国。
万里飞槎航海来，巨鳌怪蛟夺不得。
我欲饮此乘兴直上落迦[4]巅，指顾岛屿在目前。
蓬莱三山凌风到，下视人世空茫然。

解题○马振垣（生卒不详），字金城、心城，号石墅，清代汝州人，康熙间诸生，有《卧云堂诗稿》。此诗所咏之红毛酒，指西洋舶来的红葡萄酒，与中国本地所产不同，因远隔重洋，从海上辗转而来，故而价格不菲。此诗可作为洋酒输入中国之史料。

① 选自《丝绸之路诗词选》，甘肃文化出版社2018年版，第157—158页。
② 秦望山：在今浙江杭州。
③ 红毛：特指荷兰，泛指西洋各国。暹罗、真腊：即今泰国、柬埔寨。暹罗、真腊的贡道自广东，而红毛酒亦从广东传至内地，故诗人误以为此酒产于二国。
④ 落迦：落迦山，即普陀山。

感事

清 黄遵憲

酌君以葡萄千斛之酒。贈君以玫瑰連理之花。餽君以波羅徑尺之果。飲君以天竺小團之茶。處君以琉璃層累之屋。乘君以通幰四望之車。送君以金絲壓袖之服。延君以錦幔圍牆之家。紅氍貼地燈耀壁。今夕大

會來無邊。騫裳攜手雙々。至僊
之人若孫如林。繡衣曳地過七尺。
白羽霓裳髻騰三叉。襳褕作解雙
臂裡。旁綴瓔珞中寶珈。細腰亭々
媚楊柳。寶靴旋々。團蓮等。膳
夫中庭獻湩乳。樂人階以鳴鼓笳。
諸天人龍畫來集。來自天漢通
銀槎。衣裳斕斑語言雜。康樂和

親懽不諧。問我何為獨不樂。側
身東望三咨嗟。

感事[1]

清·黄遵宪

酌君以葡萄千斛之酒，赠君以玫瑰连理之花[2]。饱君以波罗径尺之果[3]，饮君以天竺小团之茶。处君以琉璃层累之屋，乘君以通幰四望之车[4]。送君以金丝压袖之服，延君以锦幔围墙之家。红氍贴地灯耀壁，今夕大会来无遮。褰裳携手双双至，仙之人兮纷如麻。绣衣曳地过七尺，白羽覆髻腾三叉。襜褕乍解双臂袒[5]，旁缀缨络中宝珈。细腰亭亭媚杨柳，窄靴簇簇团莲华。膳夫中庭献湩乳[6]，乐人阶下鸣鼓笳。诸天人龙尽来集，来自天汉通银槎。衣裳阑斑语言杂，康乐和亲欢不哗。问我何为独不乐，侧身东望三咨嗟？

解题 〇 黄遵宪（1848—1905），字公度，号人境庐主人，清代广东嘉应州人，光绪举人，近代著名诗人，曾任驻日使馆参赞、驻美国旧金山总领事、驻新加坡总领事、出使日本大臣等，有《人境庐诗草》。此诗拟效南朝鲍照之《拟行路难》，而又过之，铺排西洋事物，食品、居所、交通、衣着、语言无所不包，语言绚烂多姿，欧风美雨，读之扑面而来，正是晚清西方文明与中国发生碰撞的真实写照。

① 选自《人境庐诗草》，上海古籍出版社1981年版，第523页。

② 玫瑰连理之花：英国王室徽章。

③ 波罗径尺之果：即菠萝，旧时称『波罗蜜』。

④ 琉璃层累之屋、通幰四望之车：指西人房屋、汽车皆用玻璃为窗，四下通明。

⑤ 襜褕乍解双臂袒：襜褕原指直裾，代指长裙。此句写西方女式礼裙袒露双臂，与中国习俗不同。

⑥ 湩（音洞）：乳汁。

腦子

宋 趙汝適

腦子出渤泥國。又出賓窣國。世謂三佛齊亦有之。非也。但其國據諸蕃來往之要津。遂截斷諸國之物。聚於其國。以俟蕃舶貿易耳。腦之樹如杉。生於深山窮谷中。經千百年。支幹不曾損動。則有之。

否則腦隨氣泄。土人入山採腦。須數十為群。以米交為衣。齎沙糊為糧。分詣而去。遇腦樹。以斧斫記。至十餘株。然後截段均分。各以所得。解作板段。隨其板傍橫裂而成縫。腦出於縫中。劈而取之。其成片者謂之梅花腦。以狀似梅花也。次謂之金腳腦。其碎者謂之米腦。碎與木屑相雜者。謂之蒼腦。取腦已淨。其杉作謂之腦札。之人碎之與鋸屑相和。置瓷器中。以器覆之。封固其縫。煨以熱灰。氣蒸結而成塊。謂之聚腦。可作婦人花環等用。又有一種如油者。謂之腦油。其氣勁而烈。祇可浸香合油。

脑子①

宋·赵汝适

脑子出渤泥国②，又出宾窣国③，世谓三佛齐④亦有之，非也。但其国据诸蕃来往之要津，遂截断诸国之物，聚于其国，以俟蕃舶贸易耳。脑之树如杉，生于深山穷谷中，经千百年，支干不曾损动，则剩有之，否则脑随气泄。土人入山采脑，须数十为群，以木皮为衣，赍沙糊为粮，分路而去。遇脑树则以斧斫记，至十余株，然后截段均分，各以所得，解作板段，随其板傍横裂而成缝。脑出于缝中，劈而取之。其成片者谓之梅花脑，以状似梅花也。次谓之金脚脑。其碎者谓之米脑。碎与木屑相杂者，谓之苍脑。取脑已净，其杉片谓之脑札。今人碎之，与锯屑相和，置瓷器中，以器覆之，封固其缝，煨以热灰，气蒸结而成块，谓之聚脑，可作妇人花环等用。又有一种如油者，谓之脑油，其气劲而烈，只可浸香合油。

解题 ○ 赵汝适（音阔）（1170—1231），字伯可，宋代宗室进士，曾任泉州知州、福建路市舶提举等，着有《诸蕃志》。《诸蕃志》上下两卷，上卷《志国》记录海外诸国的风土人情，下卷《志物》描述海外物产。全书所记，于国家言，东自日本，南抵印度尼西亚，西达非洲乃至意大利西西里岛，北及中亚及小亚细亚，共五十八国；就物产论，记有脑子、乳香等四十七种，为海上丝绸之路的重要文献。《脑子》一文介绍其产地、外形、获取方式以及不同种类的具体特点等，细致入微，条理清晰。

① 选自《诸蕃志校释》，中华书局2000年版，第161页。

② 脑子：即龙脑香。为一种芳香树脂，南洋群岛及南印度都有此树。渤泥国，又称浡尼国，位于加里曼丹岛北的亚洲古国。

③ 宾窣（音苏）国：地在苏门答腊岛西岸海港。

④ 三佛齐：今苏门答腊岛占碑，为诸蕃交通的咽喉部位，万商云集，船舶辐辏，各国商品中转之地。

乳香

宋 趙汝适

乳香一名薰陸香。出大食之麻囉拔。施曷、奴發三國深山窮谷中。其樹大槩類榕。以斧斫株。脂溢於外，結而成香，聚而成塊。以象輦之至於大食。大食以舟載易他貨於三佛齊。故香常聚於三佛齊。番商貿

易至。舶司視香之多少為殿最。而
香之為品十有三。其最上者為揀香。
圓大如指頭。俗所謂滴乳是也。次曰
餅乳。其色亞於揀香。又次曰餅香。言
收時貴重之置於餅中。餅香之中又
有上中下三等之別。又次曰袋香。言收時
止置袋中。其品亦有三如餅香焉。又
次曰乳榻。蓋香之雜於砂石者也。

又次曰墨榻。蓋香色之墨者也。又次曰水渥墨榻。蓋未在舟中，為水所浸漬而氣變色敗者也。品雜而碎者曰斫削，鏃揚為塵者曰纏束，皆亂真之別也。

乳香[1]

宋·赵汝适

乳香[2]一名薰陆香，出大食之麻啰拔、施曷、奴发[3]三国深山穷谷中。其树大概类榕，以斧斫株，脂溢于外，结而成香，聚而成块。以象辇之至于大食，大食以舟载易他货于三佛齐，故香常聚于三佛齐。番商贸易至，舶司视香之多少为殿最。而香之为品十有三，其最上者为拣香，圆大如指头，俗所谓滴乳是也；次曰瓶乳，其色亚于拣香；又次曰瓶香，言收时贵重之置于瓶中。瓶香之中又有上中下三等之别；又次曰袋香，言收时止置袋中。其品亦有三如瓶香焉；又次曰乳榻，盖香之杂于砂石者也；又次曰黑榻，盖香色之黑者也；又次曰水湿黑榻，盖香在舟中，为水所浸渍而气变色败者也。品杂而碎者曰斫削，簸扬为尘者曰缠末，皆乳香之别也。

解题 ○ 乳香为阿拉伯地区重要香料，此文自产地写至其树外观，再通过香之外形颜色等分类品相等级，反映了海上香料贸易。

① 选自《诸蕃志校释》，中华书局2000年版，第163页。

② 乳香：木叶类棠梨，产于大食和南印度，此香滴落如乳，故称其为乳香。

③ 麻啰拔、施曷、奴发：此三国皆在今阿拉伯半岛东南部的哈德拉茅海岸，其中麻啰拔、施曷自古以盛产乳香闻名，有『乳香国』之称。奴发亦为古代阿拉伯之一大香料集市。

沉香　宋　趙汝適

沉香所出非一。真臘為上，占城次之，三佛齊、闍婆等為下。俗分諸國為上、下岸。以真臘、占城為上岸，大食、三佛齊、闍婆為下岸。香之大槩，生結者為上，熟脫者次之；堅黑為上，黃者次之。然諸沉之形多異，而名亦不一。有如犀角者。謂之西角沉。如蘸口者謂之蘸口沉。如附子者謂之附子沉。如檳者謂之檳沉。文堅而理緻者謂之横隔沉。大抵以所產氣味爲高下。不以形體爲優劣。世謂渤泥之產非也。一説其氣生結成。以刀修出者爲生結沉。自然脱落者爲熟沉。產於下岸者謂之番沉。氣哽味辣而烈。能治冷氣。故

亦謂之藥沉。海南亦產沉香。其氣
清而長。謂之蓬萊沉。

沉香[1]

宋·赵汝适

沉香所出非一[2]，真腊为上，占城次之，三佛齐、阇婆等为下。俗分诸国为上下岸，以真腊、占城为上岸，大食、三佛齐、阇婆为下岸。香之大槩生结者为上，熟脱者次之。坚黑者为上，黄者次之。然诸沉之形多异而名亦不一，有如犀角者，谓之西角沉，如燕口者谓之燕口沉，如附子者谓之附子沉，如梭者谓之梭沉，文坚而理致者谓之横隔沉，大抵以所产气味为高下，不以形体为优劣。世谓渤泥亦产，非也。一说其香生结成以刀修出者为生结沉，自然脱落者为熟沉，产于下岸者谓之番沉。气哽味辣而烈，能治冷气，故亦谓之药沉。海南亦产沉香，其气清而长，谓之蓬莱沉[3]。

解题 ○ 此文介绍沉香，从产地、外观、香味分别品相高低，同时驳斥渤泥产地说，列举其他说法，广采他言，颇具考证价值。

① 选自《诸蕃志校释》，中华书局2000年版，第173—174页。

② 沉香：亦名沉水香，入水即沉，有四种品相。沉香产地众多，真腊为上，占城次之，三佛齐、阇婆为下。

③ 蓬莱沉：亦称蓬莱香，为沉水香结未成者。

胡椒

宋 趙汝適

胡椒出闍婆之蘇吉丹。打板。白花園。麻東。戎牙路。以新拖者為上。打板者次之。胡椒生於郊野村落間。亦有畧中國之葡萄。土人以竹木為棚。開花四月結實。花如鳳尾。其色青紫。五月收採。曬乾藏之倉廩。次歲方發出。

以牛車運載博易。其實不禁日而
耐雨。旱以所入者寡。潦以所入倍常。

胡椒①

宋·赵汝适

胡椒出阇婆之苏吉丹、打板、白花园、麻东、戎牙路②，以新拖③者为上，打板者次之。胡椒生于郊野村落间，亦有界中国之葡萄，土人以竹木为棚开花，四月结实。花如凤尾，其色青紫，五月收采，晒干藏之仓廪，次岁方发出，以牛车运载博易。其实不禁日而耐雨，旱则所入者寡，潦则所入倍常。

解题○一般而言，中国古代惯于西域物产前加『胡』字，而于海上船来品冠以『洋』『番』『海』等字。然而胡椒原产印度，系从海上传入，却是为数不多的冠以『胡』字的海上物产。此文从胡椒产地谈起，详细介绍其生长过程，最后以贮藏方式作结。

① 选自《诸蕃志校释》，中华书局2000年版，第195—196页。

② 胡椒：我国对胡椒的最早记载见《后汉书·天竺传》，晋时知南海亦产胡椒。阇婆：今爪哇岛。苏吉丹：今加里曼丹岛西南岸的苏加丹那港口。打板：今东爪哇岛北岸南望湾的东厨闽。白花园：爪哇岛上胡椒萃聚之地。麻东：今苏拉威西岛东南，即布敦岛。戎牙路：今苏拉巴亚。

③ 新拖：即巽他的音译。

珊瑚樹

宋 趙汝适

珊瑚樹出大食毗喏耶國。樹生於海之至深處。初生色白。漸漸長苗拆甲。歷一歲許。色間變黃。支格交錯。高極三四尺。大者圍尺。土人以絲繩繫五爪鐵錨兒。用烏鉛為墜。拋擲海中。發其根。以索繫於舟上。絞車

搭起。不能常有。舊得一枚。肌理數
臟。見風即乾硬。變爲乾紅色。以最
高者爲貴。多失時不舉。以致蠹
敗。

珊瑚树[1]

宋·赵汝适

珊瑚树[2]出大食毗喏耶国[3]。树生于海之至深处，初生色白，渐渐长苗拆甲，历一岁许，色间变黄，支格交错，高极三四尺，大者围尺。土人以丝绳系五爪铁锚儿，用乌铅为坠，抛掷海中，发其根，以索系于舟上，绞车搭起，不能常有，蓦得一枝，肌理敷腻，见风则干硬，变为干红色。以最高者为贵，若失时不举，则致蠹败。

解题○ 珊瑚是重要的有机宝石，佛教将之尊为七宝之一。西晋石崇便以珊瑚与贵戚王恺比富，足见其为富豪的象征。此文介绍了珊瑚的主要产地、外形特点与生长过程，表现其独特海生方式与珍贵程度。

① 选自《诸蕃志校释》，中华书局2000年版，第200页。

② 珊瑚树：海底生之腔肠动物，枝柯连亘，状如树形，故名珊瑚树。

③ 毗喏耶国：即威尼斯。珊瑚多产于地中海，威尼斯是中世纪地中海重要商业区之一。

甲辰仲春書絲路情之二

商貿行旅駝鈴傳奇於金陵

未了齋主人 時年六十有九

孫曉雲

第三辑

三 胡風漢家 邦畿千里

三胡賦

晉 傅玄

莎車之胡。黃目深精。員耳狹頤。康居之胡。焦頭折頞。高輔陷無。眼無黑眸。頰無餘肉。罽賓之胡。面象炙蝟。頂如持囊。隈目赤眥。洞頞卬鼻。

三胡赋[1]

晋·傅玄

莎车[2]之胡，黄目深精，员耳狭颐。康居[3]之胡，焦头折頞，高辅陷无，眼无黑眸，颊无余肉。罽宾[4]之胡，面象炙猬，顶如持囊，隈目赤眥，洞頞卬[5]鼻。

解题○　傅玄（217—278），字休奕，北地泥阳（今陕西铜川）人，西晋哲学家、文学家，明人辑有《傅鹑觚集》。本篇介绍了当时西域的莎车、康居、罽宾三国胡人，描绘其奇异相貌，虽有夸张滑稽之笔，但也真实地展现了不同民族的历史面貌。

① 选自《历代辞赋总汇》，湖南文艺出版社2014年版，第438页。

② 莎车：汉代西域三十六国之一，三国魏晋时称渠莎，在今新疆维吾尔自治区喀什地区。参见第一章《西域传》注②。

③ 康居：汉代西域三十六国之一。参见第一章《大宛列传》注⑥。

④ 罽宾：汉魏时西域国名，即今之克什米尔。

⑤ 頞（音恶）：鼻梁，鼻根。卬（音昂）：同『仰』。

涼州樂歌

北魏 溫子昇

遠遊武威郡。遙望姑臧城。車馬相交錯。歌吹日縱橫。路出玉門關。城接龍城坂。但事弦歌樂。誰道山川遠。

凉州乐歌[1]

北魏·温子昇

远游武威郡，遥望姑臧城[2]。
车马相交错，歌吹日纵横。
路出玉门关，城接龙城坂[3]。
但事弦歌乐，谁道山川远。

解题 ○ 温子昇（495—547），字鹏举，济阴冤句（今山东菏泽）人，北魏文学家。温子昇诗歌辞藻秀丽，风格清俊，两首《凉州乐歌》皆着眼丝路重镇凉州，尤其关注音乐在文化传播中的作用。因有弦歌之乐，故而胡汉山川也便不辞其远了。

① 选自《丝绸之路诗词选》，甘肃文化出版社2018年版，第8页。
② 武威郡、姑臧城：甘肃省武威市，西汉时始置，隶属凉州刺史部。姑臧城为武威首县。
③ 龙城坂：疑指陇坂，今甘肃六盘山南段别称。

聽安萬善吹觱篥歌

唐 李頎

南山截竹為觱篥。此樂本自龜茲
出。流傳漢地曲轉奇。涼州胡人為
我吹。傍鄰聞者多嘆息。遠客思
鄉皆淚垂。世人解聽不解賞。長
飆風中自來往。枯桑老柏寒
颼飀。九雛鳴鳳亂啾啾。龍吟虎嘯

一時發。萬籟百泉相與秋。忽然更
作漁陽摻。黃雲蕭條白日暗。變
調如聞楊柳春。上林繁花照眼新。
歲夜高堂列明燭。美酒一杯聲一
曲。

听安万善吹觱篥歌[1]

唐·李颀

南山截竹为觱篥，此乐本自龟兹出[2]。
流传汉地曲转奇，凉州胡人为我吹。
傍邻闻者多叹息，远客思乡皆泪垂。
世人解听不解赏，长飙风中自来往。
枯桑老柏寒飕飗，九雏鸣凤[3]乱啾啾。
龙吟虎啸一时发，万籁百泉相与秋。
忽然更作渔阳掺[4]，黄云萧条白日暗。
变调如闻杨柳春，上林繁花照眼新[5]。
岁夜高堂列明烛，美酒一杯声一曲。

解题 ○ 李颀（?—约757），祖籍赵郡，居河南颍阳，唐代诗人，以五七言歌行和七言律诗见长。唐代粟特人居住胡国有九，史称『昭武九姓』，安为其中之一。康、安之乐曲与舞蹈，风行西域，亦为中原喜闻乐见。此诗中的胡人乐师安万善，应为昭武胡人，而诗中却用中国古曲《渔阳掺》《折杨柳》来比拟其演奏的西域觱篥曲，正可谓胡汉一家，亲密无间。

① 选自《李颀诗歌校注》，中华书局2018年版，第416页。
② 觱篥：簧管古乐器，似唢呐，以竹为主，上开八孔，管口插有芦制的哨子，汉代由西域传入。龟兹，西域古国名，参见第一章《西陲竹枝词》注④。
③ 九雏鸣凤：典出古乐府『凤凰鸣啾啾，一母将九雏』，形容琴声细杂清越。
④ 渔阳掺：渔阳一带的民间鼓曲名，这里借代悲壮、凄凉的之声。
⑤ 杨柳：指古曲名《折杨柳》，曲调轻快热闹。上林：即上林苑，汉代皇家宫苑。

塞上聽吹笛

唐 高適

雪淨胡天牧馬還。月明羌笛戍樓間。藉問梅花何處落。風吹一夜滿關山。

塞上听吹笛①

唐·高适

雪净胡天牧马还，月明羌笛戍楼②间。
借问梅花何处落③？风吹一夜满关山。

解题○ 高适（704—765），字达夫，渤海（今河北景县）人，唐朝中期名臣，边塞诗人。此诗作于高适在西北边塞地区从军时，借边境笛声，写征夫豪情，同时展现出雪净天高，牧马奔驰的经典边塞画面。

① 选自《高适集校注》，上海古籍出版社1984年版，第21页。

② 戍楼：报警的烽火楼。

③ 梅花何处落：此句一语双关，既指梅花，又指笛曲《梅花落》。《梅花落》属于汉乐府横吹曲，善述离情。这里将曲调《梅花落》拆用，嵌入『何处』两字，从而构成一种虚景，又以下句『风吹一夜满关山』绾合，既可指晚风将笛声送至关山各处，亦指想象中的梅花铺满边塞。

渭城曲送元二使安西

唐 王维

渭城朝雨浥轻尘。客舍青青柳色新。劝君更尽一杯酒。西出阳关无故人。

渭城曲送元二使安西①

唐·王维

渭城朝雨浥轻尘②，客舍青青柳色新。
劝君更尽一杯酒，西出阳关无故人。

解题〇 王维（约701—761），字摩诘，先世为太原祁人，其父迁居于蒲州（今山西运城），遂为河东人。有『诗佛』之称，有《王右丞集》传世。诗人送友人元二赴安西都护府，从长安一带送到渭城客舍，作这首七绝送别。后二句『劝君更尽一杯酒，西出阳关无故人』，写出了唐人出塞时一往无前的豪迈，遂成为千古名句。

① 选自《王维集校注》，中华书局1997年版，第408页。

② 渭城：地名。汉改秦咸阳县为新城县，后又改为渭城县。至唐时，属京兆府咸阳县辖地，在今陕西咸阳市东北。

涼州館中與諸判官夜集　唐　岑參

彎彎月出掛城頭城頭月出照涼州涼
州七里十萬家胡人半解彈琵琶琵
琶一曲腸堪斷風蕭蕭兮夜漫漫河西
幕中多故人故人別來三五春花門
樓前見秋草豈能貧賤相看老一
生大笑能幾回斗酒相逢須醉倒

凉州馆中与诸判官夜集[1]

唐·岑参

弯弯月出挂城头，城头月出照凉州。
凉州七里十万家，胡人半解弹琵琶。
琵琶一曲肠堪断，风萧萧兮夜漫漫。
河西[2]幕中多故人，故人别来三五春。
花门楼前见秋草，岂能贫贱相看老。
一生大笑能几回，斗酒相逢须醉倒。

解题 ○ 此诗作于岑参第二次出塞赴北庭途经凉州在河西节度府做客之际。诗人敏锐地观察到凉州胡汉融合、不分彼此的场面，其中的一个重要表现就是琵琶这一乐器的使用。琵琶本为胡乐，汉时传入中国，很快吸收进中原音乐，到了唐代又成了汉人常用乐器。而此时凉州胡人，近半能演奏琵琶，堪称是胡乐的『出口转内销』，正说明了丝绸之路最重要的功能在于友好睦邻、交流文化，不分胡地与汉家。

① 选自《岑参集校注》，上海古籍出版社1981年版，第144页。

② 河西：汉唐时指今甘肃、青海两省黄河以西，即河西走廊与湟水流域。此处指河西节度使治所在凉州。

胡騰兒

唐 李端

胡騰身是涼州兒。肌膚如玉鼻如錐。
桐布輕衫前後捲。葡萄長帶一邊垂。
帳前跪作本音語。拾襟攪袖為君舞。
安西舊牧收淚看。洛下詞人抄曲與。
揚眉動目踏花氈。紅汗交流珠帽偏。
醉卻東

傾又西倒。雙靴柔弱滿燈前。環行急蹴皆應節。反手叉腰如卻月。絲桐忽奏一曲終。嗚嗚畫角城頭發。胡騰兒。胡騰兒。故鄉路斷知不知。

胡腾儿[1]

唐·李端

胡腾身是凉州儿，肌肤如玉鼻如锥。桐布[2]轻衫前后卷，葡萄长带一边垂。
帐前跪作本音语，拾襟搅袖为君舞。安西旧牧收泪看，洛下词人抄曲与。
扬眉动目踏花毡[3]，红汗交流珠帽偏。醉却东倾又西倒，双靴柔弱满灯前。
环行急蹴皆应节，反手叉腰如却月。丝桐忽奏一曲终，呜呜画角城头发。
胡腾儿，胡腾儿，故乡路断知不知。

解题 ○ 李端（743—782），字正已，赵州（今河北赵县）人，唐代诗人。唐代昭武九姓的乐舞，风靡一时，尤为王公贵戚所常，而舞蹈又以胡腾舞与胡旋舞最为著称。胡腾舞为男子独舞，以跳跃和腾踏的舞步为主，急促多变，表演者多为粟特胡人，故曰『胡腾』。此诗描写胡腾歌舞场面，表现了中国古代各民族之间的友好情感。

① 选自《丝绸之路诗词选》，甘肃文化出版社 2018 年版，第 44 页。
② 桐布：桐华布，梧桐花细毛织成的布。汉时由西南夷经丝路传入中国。
③ 花毡：西域少数民族的一种工艺品，把彩色的布剪成图案，用羊毛线缝制在白色的毡子上。胡腾舞表演时，舞者站在花毡上，以为边界。

王中丞宅夜觀舞胡騰　唐　劉言史

石國胡兒人見少。蹲舞尊前急
如鳥。織成蕃帽虛頂尖。細氎胡
衫雙袖小。手中拋下蒲萄盞。西顧
忽思鄉路遠。跳身轉轂寶帶
鳴。弄腳繽紛錦靴軟。四座無言
皆瞪目。橫笛琵琶遍頭促。亂騰

新毯雪朱毛。傍拂輕花下紅焰。
酒闌舞罷絲管絶。木槿花西見
殘月。

王中丞宅夜观舞胡腾[①]

唐·刘言史

石国[②]胡儿人见少，蹲舞尊前急如鸟。
织成蕃帽虚顶尖，细氎[③]胡衫双袖小。
手中抛下蒲萄盏，西顾忽思乡路远。
跳身转毂宝带鸣，弄脚缤纷锦靴软。
四座无言皆瞪目，横笛琵琶遍头促。
乱腾新毯雪朱毛，傍拂轻花下红烛。
酒阑舞罢丝管绝，木槿花西见残月。

解题○ 刘言史（生卒不详），赵州邯郸人，唐代诗人、藏书家。本诗与前首同样写胡腾舞，各有侧重不同。本诗一方面描写了石国胡人的穿着打扮，另一方面抓住了胡腾舞以横笛、琵琶伴奏的乐曲特点，与上一首诗相互补充，共同书写了唐代胡腾舞者的英姿。

① 选自《丝绸之路诗词选》，甘肃文化出版社 2018 年版，第 47—48 页。

② 石国：西域古国，昭武九姓之一。石国人善舞，除胡腾舞外，柘枝舞亦流行于中国。

③ 氎（音叠）：即新疆棉，参见第二章《回纥纪事》注②。

涼州行

唐 王建

涼州四邊沙皓皓，漢家無人開舊道。邊頭州縣盡胡兵，將軍別築防秋城。萬里人家皆已沒，年年旌節發西京。多來中國收婦女，一半生男為漢語。蕃人舊日不耕犁，相學如今種禾黍。駈羊亦著錦為

衣。為惜氈裘防鬭時。養蠶繰
繭成疋帛。那堪繞帳作旌旗。城
頭山雞鳴角角。洛陽家家學胡樂。

凉州行①

唐·王建

凉州四边沙皓皓，汉家无人开旧道。
边头州县尽胡兵，将军别筑防秋②城。
万里人家皆已没，年年旌节发西京。
多来中国收妇女，一半生男为汉语。
蕃人旧日不耕犁，相学如今种禾黍。
驱羊亦著锦为衣，为惜毡裘防斗时。
养蚕缫茧成疋帛，那堪绕帐作旌旗。
城头山鸡鸣角角，洛阳家家学胡乐。

解题○ 王建（765—830），字仲初，许州颍川（今河南省许昌市）人，唐朝大臣、诗人。本诗描写当时被回纥侵踞的凉州的边防情况，同时也客观地反映了胡汉民族的经济、文化交流情况。如胡人掠夺中国妇女，生下后代却使用汉语。曾经以游牧为生，如今亦和汉人一样耕田养蚕，正是民族融合的写照。

① 选自《王建诗集校注》，巴蜀书社 2006 年，第 1 页。

② 防秋：西北胡人常常在秋季入侵中国，唐朝在每年秋季都要向河洛、江淮一带征发兵士，到西域去增防，当时称为『防秋』。

胡旋女

唐 白居易

胡旋女。胡旋女。心應弦。手應鼓。弦
鼓一聲雙袖舉。迴雪飄颻轉蓬
舞。左旋右轉不知疲。千匝萬周無
已時。人間物類無可比。奔車輪緩
旋風遲。曲終再拜謝天子。天子為之
微啟齒。胡旋女。出康居。徒勞東來

萬里餘。中原自有胡旋者。鬭妙
爭能爾不如。天寶季年時欲變。臣
妾人人學圓轉。中有太真外祿山。二
人最道能胡旋。梨花園中冊作
妃。金雞障下養為兒。祿山胡旋迷
君眼。兵過黃河疑未反。貴妃胡旋
惑君心。死棄馬嵬念更深。從茲地
軸天維轉。五十年來制不禁。胡旋

至明悟欲此唱数。辞乃之寒也。

胡旋女[1]

唐·白居易

胡旋女，胡旋女，心应弦，手应鼓。
弦鼓一声双袖举，回雪飘飖转蓬舞。
左旋右转不知疲，千匝万周无已时。
人间物类无可比，奔车轮缓旋风迟。
曲终再拜谢天子，天子为之微启齿。
胡旋女，出康居[2]，徒劳东来万里余。
中原自有胡旋者，斗妙争能尔不如。
天宝季年时欲变，臣妾人人学圆转。
中有太真外禄山，二人最道能胡旋[3]。
梨花园中册作妃，金鸡障[4]下养为儿。
禄山胡旋迷君眼，兵过黄河疑未反。
贵妃胡旋惑君心，死弃马嵬念更深。
从兹地轴天维转，五十年来制不禁[5]。
胡旋女，莫空舞，数唱此歌悟明主。

解题○ 白居易（772—846），字乐天，号香山居士。其先太原人，后迁居下邽，唐代诗人，在文学上积极倡导新乐府运动，主张『文章合为时而著，歌诗合为事而作』，有《白氏长庆集》。胡旋舞为昭武九姓中康居传入中国的舞蹈，以节奏急促、旋转迅速、难分面背著称，《新唐书·礼乐志》载『胡旋舞者立毯上，旋转如风』。此诗为白居易讽喻诗的代表作，由胡旋舞追忆玄宗时两大胡旋名家杨贵妃和安禄山，反思安史之乱的原因。虽为寄托讽喻之作，同时也详细描写了胡旋舞者的曼妙身姿，使人如在目前。

① 选自《白居易集》，中华书局1979年版，第60—61页。
② 康居：古西域国名，昭武九姓之一，自锡尔河下游，至吉尔吉斯平原，是康居疆域的中心地带。
③ 太真：杨贵妃。此句写玄宗时，以杨贵妃和安禄山最擅胡旋舞。
④ 金鸡障：画金鸡为饰的坐障，玄宗时，安禄山每来朝，特为其设。养为儿：杨贵妃曾收安禄山为义儿。
⑤ 五十年来制不禁：指胡旋舞从康居国传入中原后一直很流行。从玄宗天宝年间到白居易写此诗的宪宗元和年间，约五十多年。

遊河中 選二

元 耶律楚材

寂寞河中府。連甍及萬家。葡萄
親釀酒。杷欖看開花。飽啖雞舌肉。
分餐馬首瓜。人生唯口腹。何礙
過流沙。

寂寞河中府。遐荒僻一隅。葡萄
垂馬乳。杷欖燦牛酥。釀酒無輸

課耕田不納租。西行萬餘里。誰謂
乃良圖。

游河中（选二）[1]

元・耶律楚材

寂寞河中府[2]，连甍及万家。葡萄亲酿酒，杷榄[3]看开花。
饱啖鸡舌肉，分餐马首瓜[4]。人生唯口腹，何碍过流沙。

寂寞河中府，遐荒僻一隅。葡萄垂马乳，杷榄灿牛酥。
酿酒无输课，耕田不纳租。西行万余里，谁谓乃良图。

解题○ 耶律楚材扈随成吉思汗西征，至西辽名城河中府，作有五律十首，书写见闻感受，描绘了当地的民情风俗、山川景物。此处选二，以反映丝绸之路上各族人民的生活。

① 选自《丝绸之路诗词集》，甘肃文化出版社2018年版，第86页。
② 河中府：原为西辽西都寻斯干城（一作塔什干）。
③ 杷榄：一作『芭榄』，今称巴旦杏。
④ 马首瓜：当地蜜瓜，大如马首。

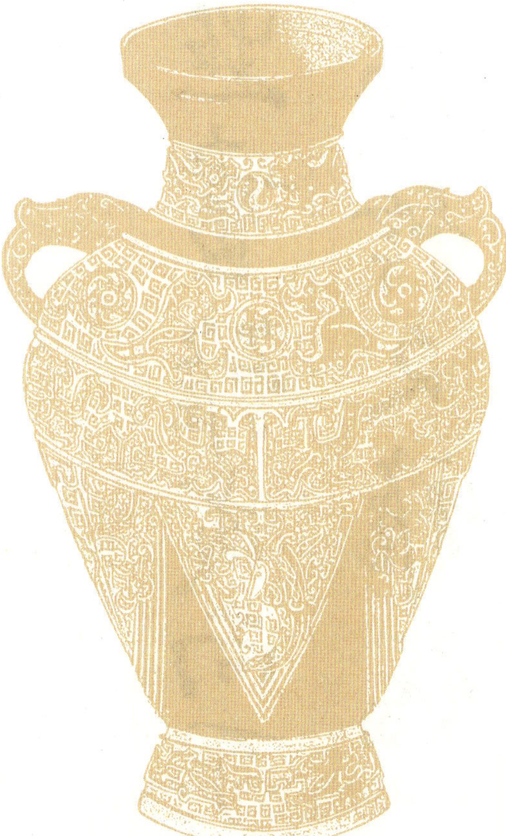

回疆竹枝詞 選十　清 林則徐

不解耘鋤不糞田。一經撒種便由天。幸多曠土憑人擇。歇兩年來種一年。

字名哈特勢橫斜。點畫雖成尚可加。廿九字頭都解識。便矜文雅論毛喇。

把齋須持兒星餐。羅卷同繙番
魯干。新月如鉤纔入目。愛伊諦
會萬人歡。
不從土偶折腰肢。長跪寺中納禡茶。
何獨叩頭麻乍爾。長竿高掛馬牛
氂。
亢牛婁鬼四星期。城市喧闐八柵時。
五十二番成一歲　是何月日不曾

知。

城角高臺廣樂張。律諧舊宮
少宮商。華笳八孔胡琴四。節拍都
隨擊拔鍾。

亦有高樓百尺諸。四周多被白楊遮。
圓形愛學穹廬樣。石粉圍成滿
壁花。

豚彘由來不入筵。割牲須見血毛鮮。

稻粱蔬菓成抓飯。和入羊脂味總膻。

桑葚饞肥杏又黃。甜瓜沙棗亦糇糧。村村絕少炊煙起。冷餅盈懷喚作饢。

宗親多半結絲蘿。數尺紅絲髮後拖。新帕蓋頭扶馬上。巴郎今夕捉央哥。

回疆竹枝词（选十）⑦

清·林则徐

不解耘锄不粪田，一经撒种便由天。幸多旷土凭人择，歇两年来种一年②。

字名哈特③势横斜，点画虽成尚可加。廿九字头都解识，便矜文雅号毛喇④。

把斋须持见星餐，经卷同翻普鲁干⑤。新月如钩才入则，爱伊谛⑥会万人欢。

不从土偶折腰肢，长跪空中纳祃兹⑦。何独叩头麻乍尔⑧，长竿高挂马牛牦。

亢牛娄鬼四星期，城市喧阗八栅⑨时。五十二番⑩成一岁，是何月日不曾知。

城角高台广乐张，律谐夷则少宫商⑪。苇笳八孔胡琴四，节拍都随击鼓镗。

亦有高楼百尺夸，四周多被白杨遮。圆形爱学穹庐⑫样，石粉围成满壁花。

豚彘由来不入筵，割牲须见血毛鲜⑬。稻粱蔬果成抓饭，和入羊脂味总膻。

桑葚才肥杏又黄，甜瓜沙枣亦糇粮。村村绝少炊烟起，冷饼盈怀唤作馕。

宗亲多半结丝萝，数尺红丝发后拖。新帕盖头扶马上，巴郎今夕捉央哥⑭。

第四辑

四 龍江檣帆 運通八極

僧伽歌

唐 李白

真僧法號號僧伽。有時與我論三車。問言誦咒幾千遍。口道恒河沙復沙。此僧本住南天竺。為法頭陀來此國。戒得長天秋月明。心如世上青蓮色。意清淨。貌稜稜。亦不減。亦不增。瓶裏千年舍利骨。手中萬歲胡

孫藤。嗟予落泊江淮久。罕遇真僧
説空有。一言懺盡波羅夷。再禮渾
除犯輕垢。

僧伽歌[①]

唐·李白

真僧法号号僧伽，有时与我论三车[②]。
问言诵咒几千遍，口道恒河[③]沙复沙。
此僧本住南天竺[④]，为法头陀来此国。
戒得长天秋月明，心如世上青莲色。
意清净，貌棱棱，亦不减，亦不增。
瓶里千年舍利骨，手中万岁胡孙藤。
嗟予落泊江淮久，罕遇真僧说空有[⑤]。
一言忏尽波罗夷，再礼浑除犯轻垢[⑥]。

解题 ○ 《僧伽歌》传为李白为西域名僧僧伽（音茄）所作，经由对高僧行止的描写，阐发佛理妙谛，反映出唐代丝绸之路上的文化交流。

① 选自《李太白全集》，中华书局2015年版，第482页。

② 三车：羊车、鹿车、牛车，佛家以喻声闻、缘觉、菩萨三乘，泛指佛法。

③ 恒河：印度圣河，河中之沙微细如面，佛经往往以『恒河沙数』为喻，表示数量之多。

④ 天竺：即古印度地区，唐时分为东、西、南、北、中五天竺，南天竺为其一。

⑤ 空有：佛家术语，不执着为空，执着为有。

⑥ 波罗夷：『弃』的梵语音译，引申为重罪。此句意味僧伽大师佛法高深，可一言度人解脱。

送婆羅門歸本國　唐　劉言史

刹利王孫字迦攝。竹錐橫寫叱蘿
葉。遙知漢地未有經。手牽白馬繞
天行。龜茲磧西胡雪黑。大師凍死
來不得。地盡年深始到船。海裏更
行三十國。行多耳斷金環落。冉冉
悠悠不停腳。馬死經留卻去時。往來

應盡一生期。出漠獨行人絕處。磧西天漏雨絲絲。

送婆罗门归本国[1]

唐・刘言史

刹利王孙字迦摄[2]，竹锥横写叱萝叶[3]。
遥知汉地未有经，手牵白马绕天行。
龟兹碛西胡雪黑，大师冻死来不得。
地尽年深始到船，海里更行三十国。
行多耳断金环落，冉冉悠悠不停脚。
马死经留却去时，往来应尽一生期。
出漠独行人绝处，碛西天漏雨丝丝。

解题 ○ 海上丝绸之路，向来比陆上风险更大、行程时间更长，然而中外人民并未因此而止步不前，无数僧侣、商队依旧乘帆出海，直抵彼岸。此诗写一位印度僧人从海路归国。婆罗门即印度古名，从中国至印度，海路渺茫，舟行不易，反映了海上丝绸之路的艰难历程。

① 选自《丝绸之路诗词集》，甘肃文化出版社 2018 年版，第 48 页。

② 刹利：即刹帝力，古印度四种姓中的第二级，为武士贵族集团，掌握军政实权，是古印度国家世俗统治者。迦摄：即迦叶摩腾，传为中天竺僧人，于东汉明帝时以白马载佛像和经典来到洛阳，是为佛教传入中国之始。

③ 萝叶：即贝多罗，亦称贝叶，古印度人以植物叶片制成贝叶，用以刻写经文，可保存数百年之久。

船工謠送伯庸以番貨事奉使閩浙
選三
元　宋本

琉球真臘接闍婆。日本辰韓濊貊
倭。番船去時遺碇石。年年到處海
無波。
朱張死去十年過。海寇洞庭海賈
多。南風六月到岸酒。花股篙丁奈

樂只。

薰陸胡椒膃肭臍。明珠象齒駭鷄犀。世間莫作珍奇看。解使英雄價盡低。

舶上谣送伯庸以番货事奉使闽浙（选三）[1]

元·宋本

琉球真腊接阇婆[2]，日本辰韩秽貊[3]倭。番船去时遗碇石，年年到处海无波。

朱张[4]死去十年过，海寇凋零海贾多。南风六月到岸酒，花股篙丁奈乐何。

薰陆胡椒腽肭脐[5]，明珠象齿骇鸡犀。世间莫作珍奇看，解使英雄价尽低。

解题〇 宋本（1281—1334），字诚夫，元大都人，至元进士，官至集贤学士、国子祭酒，有《至治集》。此诗题中的伯庸为元代色目诗人马祖常，曾奉使闽浙处理贸易事件，宋本为之作《舶上谣》十首，此处选三，反映了元代繁荣的海上贸易。

① 选自《丝绸之路诗词集》，甘肃文化出版社2018年版，第88页。

② 琉球：古国名，即冲绳。真腊：今柬埔寨。阇（音蛇）婆：古国名，地在今印度尼西亚爪哇岛。

③ 辰韩：指朝鲜。秽貊（音末）：东北少数民族。

④ 朱张：指宋元之际东海著名海盗朱清、张瑄，曾降元开辟海上漕运通道，后坐事死，十余年后，海路平静，故下文云『海寇凋零海贾多』。

⑤ 腽肭脐：即海狗肾，名贵中药。

天竺僧

明　徐渭

揚帆三竺溪。須錫五羊城。黑人初以涉。琉球次所經。波孫十兆。日矢九千言颿。人疑鵬六息。彼視鸌一程。行既隘九土。師之眇八垠。修楮畫大郎。沃焦濾孫三洋。劈芥內閻浮。粉塵隨露鄰。鐵籭臥龍象。銀瀾恬援鯨。

梵唄隻字掃。江海百谷臣。云胡白
疊底。乃有赤篆文。象青絲何譯。
龍樹鮮恚嗔。株履度蔥嶺。趺湫
悦嚴雲。投夾藏南寺。乃偕領西昆。
漏沙自前準。聖水地濤菁。有為乃
復示。無量何由臻。相色示戳幻。擒引
誰勞歷。白馬韋維寺。黃龍未演輪。
薄痾阻問訊。擬待桃花吐。

天竺僧[1]

明·徐渭

扬帆三竺涘，弭锡五羊城。黑人初以涉，琉球次所经。
波弧十五兆，日矢九千嬴。人疑鹏六息，彼视蠖一信[2]。
衍既隘九土，师亦眇八埏。片楮画大卵，沃焦濦孤萍。
劈芥内阎浮[3]，粉尘陋虚邻。铁篦卧龙象，银澜恬蛟鲸。
梵呗只字扫，江海百谷臣。云胡白氎底，乃有赤篆文。
象胥几何译，龙树鲜恚嗔。挂履度葱岭，跌湫蜕岩云。
投夹戴南寺，乃偕领西昆。漏沙自箭准，圣水他涛奔。
有为乃复尔，无量何由臻。相色示戏幻，接引讵劳尘。
白马幸维寺，黄龙未演轮。薄痾阻问讯，拟待桃花春。

解题○徐渭（1521—1593），字文长，号青藤老人，明浙江绍兴人，著名文学家、书画家，有《徐文长集》。此诗写天竺来华僧人，从印度出发，经海上丝路，抵广州进入中国。描绘行程，虽极尽夸张，但仍能从中看出海上旅行生活之点滴。

① 选自《丝绸之路诗词集》，甘肃文化出版社 2018 年版，第 105 页。

② 信：同『伸』。蠖一信，尺蠖以身体屈伸前行，一信形容极短，此言天竺僧人来华，虽万里而不辞远。

③ 阎浮：梵语大树名，为南赡部洲别称。南赡部洲为佛教世界观中人类所生存的世界。

送沙子雨往安南　節選　清　屈大均

閩粵奇人沙起雲。花花浮海淩秋雯。揚帆直入大鰌腹。睎髮欲就扶桑暾。琉球日本一再至。薩摩長揖緒郎君。倭奴寶刀日在手。暹羅火毳時濡唇。脖腦炎油結歡好。紅毛白丹通殷勤。長沙石塘迎潮勢。諸

番往來羈苦貧。身與人魚互出沒崑
崙舶小波長吞。掣鰲欲學古公子。
射波不數飛將軍。東西二洋窮年
地。蓬瀛諸島識微塵。捨舟忽然辭
海若。日南首詣摩金鄰。前年已抵
交阯界。鬼門關阻悲邊巡。有兄久為
安南客。白頭未歸含酸辛。脊令急
難冒危險。御侮欲批修蛇鱗。古森

先竭四岡至山。深箐密防狝獠。摩
沙銅柱古斑駁。伏波血汗餘苔文。馬
流丁口盡漢種。黄禍一一神胄民。糜
泠雙女化燐火。西屠諸王無餘魂。
蠻邏至今畏新息。歲時膢臘陳椒
蒼。閩嵎敢廓門入。國王徒跣先其
臣。白馬衝中一亦有廟。家來跳語
身。俄梵文瀾歲。靈互絕徼中

築長城憑一身。交人亡尚漢冠帶。
雖然被髮知人倫。裒衣廣袖恥左
衽。旃裘不肯同吐渾。

送沙子雨往安南（节选）①

清·屈大均

闽粤奇人沙起云，茫茫浮海凌秋雯。扬帆直入大鳍腹，晞发欲就扶桑②暾。
琉球日本一再至，萨摩③长揖诸郎君。倭奴宝刀日在手，暹罗火舂时濡唇。
片脑炎油结欢好，红毛白丹通殷勤。长沙石塘逐潮势，诸番往来犹苦贫。
身与人鱼互出没，昆仑舶小波长吞。掣鳌欲学古公子，射蛟不数飞将军。
东西二洋④若平地，蓬瀛诸岛诚微尘。舍舟忽然辞海若，日南首路摩金邻。
前年已抵交趾界，鬼门关阻愁逡巡。有兄久为安南客，白头未归含酸辛。
脊令急难冒凶险，御侮欲批修蛇鳞。古森先谒四峒主，山深箐密防狂獉。
摩挲铜柱古斑驳，伏波血汗余苔文。马流⑤丁口尽汉种，黄榻一一神华民。
麋泠双女化磷火，西屠诸王无余魂。蛮逻至今畏新息，岁时膢腊陈椒芬。
匍匐不敢庙门入，国王徒跣先其臣。白马衔中亦有庙，象来蹴踏身俄焚。
文渊威灵亘绝徼，中华长城凭一身。交人亦尚汉冠带，虽然被发知人伦。
裒衣广袖耻左衽⑥，旃裘不肯同吐浑。

解题 〇 屈大均（1630—1696），字翁山，号莱圃，广东番禺人，明末清初著名学者、诗人。此诗中的沙子雨，为福建福清诸生，南游交趾访其兄，经广州遇屈大均。大均为其作此诗，叙述其出海路径，旁及南海诸岛，如在目前。

① 选自《丝绸之路诗词集》，甘肃文化出版社 2018 年版，第 115 页。
② 晞发：晒干头发。扶桑：指日本。
③ 萨摩：日本古令制国，属西海道，领域基本等于鹿儿岛县西部。
④ 东西二洋：古代以婆罗国（文莱）以东为东洋，以西为西洋。
⑤ 马流：即马来西亚。
⑥ 左衽：衣襟向左，古代汉人衣冠右衽，胡人左衽。

海船行

清　李徵熊

山如礪。河如帶。我朝車書大無外。東
浙西被朔南暨。四海從、與天際。番
國波臣羣稽顙。職方年、圖王會。
翁洲東南第一關。汪洋波濤通
萬派。清晨放去流求船。飛煙一道
金崎界。更歷閩廣達安南。揚帆西

々迤邐。馬樓暹羅噶喇吧。瀰漫
天風驚砰湃。柔佛呂宋啹代嗎。
貊々島嶼列海窩。深目長鼻椎髻
來。百物羅々憑市會。扶桑之東麇
瀾西。競向中華獻珍怪。氍毹毾㲪
緞羽毛。多羅斗縷布小氈。白檀香
木阿薩那。鳥卵象牙間玳瑁。鸚
鵡如雪或如丹。孔雀似錦鳥倒掛。

玻璃瓶盏红毛酒。色艳琥珀酌大贝。峨舸急出水晶宫。千尺帆樯来月窟。瓯宇隘前朝。幅幁越往代。纵横谁知几千程。秦皇汉武徒夸大。间立海岸望晴空。闽商欣欣输阅税。

海船行①

清・李微熊

山如砺，河如带，我朝车书大无外。东渐西被朔南暨，四海茫茫与天际。
番国波臣群稽颡②，职方年年图王会。翁洲③东南第一关，汪洋波涛通万派。
清晨放去流求船，飞烟一道金崎④界。更历闽广达安南⑤，扬帆西上路迢递。
马滕暹罗噶喇吧⑥，弥漫天风惊砰湃。柔佛吕宋⑦咭吡吗，纷纷岛屿列海裔。
深目长鼻椎髻来，百物罗罗凭市侩。扶桑之东虞渊西，竞向中华献珍怪。
氍毹毾㲪⑧缎羽毛，多罗斗绫布火毳。白檀青木阿萨那⑨，乌卵象牙间玳瑁。
鹦鹉如雪或如丹，孔雀似锦乌倒挂。玻璃瓶盎红毛酒，色艳琥珀酌大贝。
峨舸遥出水晶宫，千尺帆樯来月窟。区宇隘前朝，幅员越往代。
纵横谁知几千程，秦皇汉武徒夸大。间立海岸望晴空，闽商欣欣输关税。

解题 ○ 李微熊（生卒不详），字渭占，清山东德州人，雍正举人，曾任浙江武康令。此诗写清代出海情形及殊方异域之景象，鹈林鲽水之盛，路竹禽嘗之奇，纵横千里，行旅往来，皆非虚指。

① 选自《丝绸之路诗词集》，甘肃文化出版社2018年版，第124页。
② 波臣：水族。稽颡（音企嗓）：一种礼节，俗称『五体投地』。
③ 翁洲：又名翁山，今浙江东部舟山岛。
④ 金崎：又名金之崎，日本古地名。
⑤ 安南：越南古称。
⑥ 马滕：地名，疑指马来西亚，而非余杭之马滕。暹罗：泰国。噶喇吧：今雅加达。
⑦ 柔佛：在今马来西亚。吕宋：菲律宾北部岛屿。
⑧ 毾㲪（音踏登）：有花纹的细毛毯。
⑨ 阿萨那：一种香料，原产西域。

静海寺歌 節選 清 潘德輿

龍江煙水秋茫茫。静海寺外千帆檣。眼前江水等一勺。寺僧為我談西洋。荷蘭真臘久入貢。雄心未饜明文皇。刑餘之臣佐遠馭。戈船直指西南荒。從行白骨擲海岸。九死歸來頭已霜。大共小球俊王會。明珠犀象

盈歸裝。奇珍鉅萬不暇數。龍
驤萬斛堆沉水。請看入門第一殿。
以香為柱水為梁。遊人傳誦五百載。
手摩鼻嗅憐芬芳。稽首淨土信
永國。此公所到真天堂。

静海寺歌（节选）[1]

清·潘德舆

龙江[2]烟水秋茫茫，静海寺外千帆樯。眼前江水等一勺，寺僧为我谈西洋。
荷兰真腊久入贡，雄心未餍明文皇。刑余[3]之臣佐远驭，戈船直指西南荒。
从行白骨掷海岸，九死归来头亦霜。大共小球侈王会，明珠犀象盈归装。
奇珍巨万不暇数，龙骧万斛堆沉香。请看入门第一殿，以香为柱香为梁。
游人传诵五百载，手摩鼻嗅怜芬芳。稽首净土信香国，此公所到真天堂。

解题 ○ 潘德舆（1785—1839），字彦辅，号四农，清代诗人，有《养一斋集》。静海寺位于江苏南京，系明成祖朱棣褒奖郑和航海之功德而下令敕建的皇家寺院，其中供奉郑和带回的罗汉画像、佛牙、玉玩，种植西洋稀异树种，为明朝十大律寺之一。本诗明咏静海寺，实则追忆郑和七下西洋开辟远洋航线的壮举。

① 选自《潘德舆全集》，人民文学出版社 2015 年版，第 96 页。

② 龙江：南京古地名，原为港口，今已不存。明初郑和曾在此处建宝船厂，系当时世界上规模最大的皇家造船厂。

③ 刑余：原指受过肉刑的人，后专指阉人。因郑和为宦官，故称刑余之臣。

海船行　節選　清　姚燮

海船之大如小山。掛帆直在青雲間。船頭横臥曰杉板。板板尚可容人千。我如兒船頗疑怪。緣梯拾級心戀戀。好風人衆不得駛。坐待海月迎潮圓。初行金廈猶在眼。横山一抹如雲煙。放洋漸遠不可見。但見八表銀波翻。日光慘淡晝無色。夜從水底觀星垣。水天空濛祇一氣。我船點黑如彈丸。清晨無風浪千尺。何況月黑風狂顛。到此心灰萬慮死。呼息莫辨人鬼關。舟中一海客坐談。嘆白髮究究披盈肩。自言逐伴五十載。海中往反當營田。

海船行（节选）[1]

清·姚莹

海船之大如小山，挂帆直在青云间。船头横卧曰杉板，板上尚可容人千。
我始见船颇疑怪，缘梯拾级心悬悬。好风人众不得驶，坐待海月迎潮圆。
初行金厦[2]犹在眼，横山一抹如云烟。放洋渐远不可见，但见八表银波翻。
日光惨淡昼无色，夜从水底观星垣。水天空蒙只一气，我船点黑如弹丸。
清晨无风浪千尺，何况月黑风狂颠。到此心灰万虑死，呼息莫辨人鬼关。
舟中海客坐谈笑，白发宛宛披盈肩。自言逐伴五十载，海中往反当营田。

解题○　姚莹（1785—1853），字石甫、硕甫，号明叔、东溟，清代安徽桐城人，姚鼐曾孙，近代文学家、地理学家，嘉庆进士，曾任台湾兵备道，著有《东溟文集》等。此诗叙远洋海船，明白如话，突出了远洋航海两大特点：一是海船巨大，可容千人；二是往返时间漫长。故而，海客以出海远航当作经营田地。

① 选自《姚莹集》，安徽教育出版社 2014 年版，第 473 页。
② 金厦：金门、厦门。

地瓜行

清　施士昇

葡萄綠乳西土貢。荔枝丹實南州來。此瓜傳聞出呂宋。地不愛寶呈奇材。有明末年通舶使。桶底緘藤什襲至。植溉初驚外域珍。蔓延及作中邦利。白花朱實盈郊原。田夫祗解藷稱番。寧知糗糧資甲貨。

嶂、可比蹲鴟蹲。海隅蒼生粮稼穡。惟土愛物補磽瘠。不得更改范氏書。甦邑年穰穰滿阡陌。

地瓜行[1]

清·施士昇

葡萄绿乳西土贡，荔枝丹实南州来。此瓜传闻出吕宋[2]，地不爱宝呈奇材。
有明末年通舶使，桶底缄藤什袭至[3]。植溉初惊外域珍，蔓延反作中邦利。
白花朱实盈郊原，田夫只解薯称番。岂知粮粮资甲货，哮哮可比蹲鸱蹲。
海隅苍生艰稼穑，惟土爱物补硗瘠。不得更考范氏书[4]，丰年穰穰满阡陌。

解题 ○ 施士昇，生平不详。地瓜即番薯，原产于南美洲及大小安的列斯群岛，由西班牙人携至菲律宾等国栽种，约于明万历年间，进入中国云南、广东、福建等地，于清代推广至全国栽种，作为重要粮源，是稻米、麦子、玉米之后的第四大粮食作物。此诗名为《地瓜行》，详细介绍了番薯进入中国的始末，盛赞了海上交通带来的巨大益处。

① 选自《丝绸之路诗词集》，甘肃文化出版社 2018 年版，第 151 页。

② 吕宋：即菲律宾。西班牙人从南美洲引种番薯至此，国人不查，遂以番薯出于吕宋。

③ 通舶使：指将番薯引入中国的明代商人陈振龙。当时吕宋处于西班牙殖民者统治之下，视番薯为奇货，不令出境。陈振龙精心谋划，取薯藤绞入汲水绳中，涂抹污泥，藏入桶中，躲过盘查，终于带回中国，此即『桶底缄藤什袭至』。

④ 范氏书：即《氾胜之书》，中国现存最早的农书。

蘇彝士河

清 黄遵憲

龍門竟比禹功高。亘古流沙變海潮。萬國爭推東道主。一河橫跨兩洲遙。破天椎鑿地能縮。銜尾舟行天不驕。他日南溟疏闢後。大鵬擊水足扶搖。

苏彝士河[①]

清・黄遵宪

龙门竟比禹功[②]高，亘古流沙变海潮。万国争推东道主，一河横跨两洲遥[③]。
破空椎凿地能缩，衔尾舟行天不骄。他日南溟疏辟后，大鹏击水足扶摇。

解题 ○ 清同治八年（1869），苏伊士运河成功通航，该运河沟通地中海和红海，提供从欧洲至印度洋和西太平洋的最近航线，缩短了近万公里的航程。运河也是亚洲与非洲的交界线，是亚、非、欧三大洲来往的重要通道。黄遵宪此诗即咏苏伊士运河，他将运河的开通与大禹开凿龙门相比，认为其功犹胜大禹，极具全球眼光。

① 选自《人境庐诗草》，上海古籍出版社1981年版，第572页。

② 禹功：大禹曾开龙门，以通黄河。黄遵宪将运河开通比拟，认为此功犹胜大禹。

③ 两洲遥：苏伊士运河为亚非二洲分界线，故『一河横跨两洲遥』。

船舶航海法

宋 朱彧

海船大者數百人。小者百餘人。以巨商
為綱首。副綱首。雜事。市舶司給朱
記。許用笞治其徒。有死亡者籍其財。商
人言船大人衆則敢往。海外多盜賊。且
掠非詣其國者。如詣占城。或失風誤
入真臘。則盡沒其船貨。縛北人賣

之。云。爾本不來此間。外國雖無商稅。
而誅求。謂之獻送。不論貨物多寡。一
例責之。故不利小舶也。船舶深闊各
數十丈。商人分佔貯貨。人得數尺許。
下以貯物。夜臥其上。貨多陶器。大小相
套。無少隙地。海中不畏風濤。唯懼
靠閣。謂之湊淺。則不復可脫。船忽
發漏。既不可入治。令鬼奴持刀絮自

外補之。鬼奴善游。入水不瞑。舟師識地理。夜則觀星。晝則觀日。陰晦觀指南針。或以十丈繩鉤。取海底泥嗅之。便知所至。海中無雨。凡有雨則近山矣。商人言船舶遇無風時。海水如鑑。舟人捕魚。用大鉤如臂。縛一雞鶩為餌。使大魚吞之。隨其行半日方困。稍近之。又半日方可取。忽遇風。

皆棄。或取得大魚不可食。剖腹求所
吞小魚可食。一腹不下數十枚。枚與十斤。
海大魚每隨船下。凡投物無不噉。舟
人病者忌死於舟中。往往氣未絕便
卷以重席。投水中。欲其遽沈。用數
瓦罐貯水縛席間。縋投入。羣魚並
席吞去。竟不少沈。有鋸溜魚長百十
丈。鼻骨如鋸。遇舶船。橫截斷之如

桅杪尔。船行海中。忽遠視枯木山積。
舟師疑此處舊無山。則蛟龍也。乃
斷髮取魚鱗骨同焚。稍稍沒水中。
凡此皆危急。多不得脫。商人重番僧。
云度海危難禱之。則見於空中。無不
獲濟。至廣州飯僧設供。謂之羅漢
齋。

舶船航海法①

宋·朱彧

海舶大者数百人，小者百余人，以巨商为纲首②、副纲首、杂事，市舶司给朱记，许用笞治其徒，有死亡者籍其财。商人言船大人众则敢往，海外多盗贼且掠非诣其国者，如诣占城③，或失路误入真腊④，则尽没其舶货，缚北人卖之，云：『尔本不来此间。』船舶深阔各数十丈，商人分占贮货，人得数尺许，下以贮物，夜卧其上。货多陶器，大小相套，无少隙地。海中不畏风涛，唯惧靠阁⑤，谓之『凑浅』，则不复可脱。船忽发漏，既不可入治，令鬼奴持刀絮自外补之，鬼奴⑥善游，入水不瞑。舟师识地理，夜则观星，昼则观日，阴晦观指南针，或以十丈绳钩，取海底泥嗅之，便知所至。海中无雨，凡有雨则近山矣。商人言船船遇无风时，海水如鉴。舟人捕鱼，用大钩如臂，缚一鸡鹜为饵，使大鱼吞之，随其行半日方困，稍近之，又半日，方可取，忽遇风，则弃。或取得大鱼不可食，剖腹求所吞小鱼可食，一腹不下数十枚，枚数十斤。海大鱼每随船上下，凡投物无不啖。舟人病者忌死于舟中，往往气未绝便卷以重席，投水中，欲其遽沉，用数瓦罐贮水缚席间，才投入，群鱼并席吞去，竟不少沉。有锯鲨长百十丈，鼻骨如锯，遇舶船，横截断之如拉朽尔。舶行海中，忽远视枯木山积，舟师疑此处旧无山，则蛟龙也，乃断发取鱼鳞骨同焚，稍稍没水中。凡此皆危急，多不得脱。商人重番僧，云度海危难祷之，则见于空中，无不获济，至广州饭僧设供，谓之『罗汉斋』。

解题 ○ 朱彧（生卒不详），字无惑，北宋乌程人。其于徽宗宣和年间（1119—1125）所撰《萍洲可谈》记载了北宋时期的士风民俗、朝章国典及轶闻趣事，《四库全书提要》称其『皆颇足以资考证』。此篇详叙远洋之法，船只选择、人手组织、货物选取、危机处理、方位辨识、食物补充、伤病救护等诸多方面皆有介绍，靡不具焉，读之可知宋代出海情形。

① 选自《萍洲可谈》，中华书局2007年版，第133—134页。

② 纲首：负责网运的商人首领。

③ 占城：即占婆补罗，越南古国。位于中南半岛东南部，北起今越南河静省的横山关，南至平顺省潘郎、潘里地区。

④ 真腊：又名占腊，为中南半岛古国，其境在今柬埔寨境内，是中国古代史书对中南半岛吉蔑王国的称呼。

⑤ 靠阁：即搁浅。

⑥ 鬼奴：又称昆仑奴，当时从南洋而来，皮肤黝黑的奴役。

海外諸蕃國　宋　周去非

諸蕃國大抵海為界限。各為方隅而立國。國有物宜。各從都會以阜通。正南諸國三佛齊其都會也。東南諸國闍婆其都會也。西南諸國浩乎不可窮。近則占城、真臘為窊里諸國之都會。遠則大秦為西

天竺諸國之都會。又其遠於麻離
拔國為大食諸國之都會。又其外
則木蘭皮國為極西諸國之都會。
三佛齊之南。南大海洋也。海中有
嶼萬餘。人奠居之。愈南不可通矣。
闍婆之東。東大洋海也。水勢漸低。
女人國在焉。愈東則尾閭之所泄。非
復人世。稍東北向。則高麗百濟耳。

西南海上諸國。不可勝計。其大略亦
可攷。姑以交阯定其方隅。直交阯之南。
則占城。真臘。佛羅安也。交阯之西
北。則大理。黑水。吐番也。於是。西有大海
隔之。是海也。名曰細蘭。細蘭海中有
一大洲。名細蘭國。渡之而西。復有諸
國。其南為故臨國。其北為大秦國。
王舍城。天竺國。又其西有海。曰東大

食海。渡之而西。則大食諸國也。大食之地甚廣。其國甚多。不可悉載。又其西有海。名西大食海。渡之而西。則木蘭皮諸國。凡千餘。更西。則日之所入。不得而聞也。

海外诸蕃国[1]

宋·周去非

诸蕃国大抵海为界限，各为方隅而立国。国有物宜，各从都会以阜通[2]。正南诸国，三佛齐其都会也。东南诸国，阇婆其都会也。西南诸国，浩乎不可穷，近则占城、真腊为窊里诸国之都会，远则大秦为西天竺诸国之都会，又其远则麻离拔国为大食诸国之都会，又其外则木兰皮国为极西诸国之都会。三佛齐之南，南大洋海[3]也。海中有屿万余，人莫居之。愈南不可通矣。阇婆之东，东大洋海[4]也，水势渐低，女人国在焉。愈东则尾闾之所泄，非复人世。稍东北向，则高丽、百济耳。

西南海上诸国，不可胜计，其大略亦可考，姑以交趾定其方隅。直交趾之南，则占城、真腊、佛罗安也。交趾之西北，则大理、黑水、吐蕃也。于是，西有大海隔之，是海也，名曰细兰。细兰海[5]中有一大洲，名细兰国。渡之而西，复有诸国。其南为故临国，其北为大秦国、王舍城、天竺国。又其西有海，曰东大食海[6]。渡之而西，则大食诸国也。大食之地甚广，其国甚多，不可悉载。又其西有海，名西大食海[7]。渡之而西，则木兰皮诸国，凡千余。更西，则日之所入，不得而闻也。

解题○ 周去非（1135—1189），字直夫，南宋温州永嘉人，隆兴进士，曾两度任官广西，著有《岭外代答》十卷。《岭外代答》以求是的态度，记述广右风物，兼及制度、经济、外贸，皆有可采，尤其是涉及中外交通部分，可为考订南海乃至西亚、东非、北非诸地之资，向为学者所重。此篇叙海外诸蕃国，系对海上丝绸之路沿线各国所作一总纲，其中又可分为三组。第一组是正南诸国，以三佛齐为都会；第二组是东南诸国，以阇婆为都会，此二组情况较为简单；第三组为西南诸国，最为繁杂，近者以占城、真腊为主，远则为天竺诸国，再远至中东地区为大食诸国，极西则至北非地中海沿岸，以木兰皮国为中心。凡此诸都会国家，俱见下文，兹不出注。

① 选自《岭外代答》，中华书局 1999 年版，第 74—75 页。
② 阜通：繁盛贸易。
③ 南大洋海：指今印度尼西亚境内海域。
④ 东大洋海：指澳大利亚以北海域。
⑤ 细兰海：今斯里兰卡附近海域。
⑥ 东大食海：即阿拉伯海。
⑦ 西大食海：即地中海。

大食諸國　　宋　周去非

大食者。諸國之總名也。有國千餘所。
知名者。特數國耳。
有麻離拔國。廣州自中冬以後。發船
乘北風行。約四十日到地名藍里。博買
蘇木。白錫。長白藤。住至次冬。再乘東
北風六十日順風方到。此國產乳香

龍涎。真珠。琉璃。犀角。象牙。珊瑚。木
香。沒藥。血碣。阿魏。蘇合油。沒石子。
薔薇水等貨。皆大食諸國至此
博易。國王官民皆事天。官豪皆以
金線挑花帛纏頭。以白越諾
字布為衣。或衣諸色錦。以紅皮為
履。居五層樓。食麵餅肉酪。貧者乃
食魚蔬。地少稻米。所產菓實甜

不酸。以蒲桃為酒。以糖煮香藥為思
酥酒。以蜜和香藥作眉思打剌酒。
暖補有益。以金銀為錢。巨船富商
皆聚焉。哲宗元祐三年十一月大食
麻囉拔國遣人入貢。即此麻離拔也。
有麻嘉國。自麻離拔國西去陸行
八十餘程乃到。此是佛麻霞勿出世之
處。有佛所居方丈。以五色玉結甃成

墻屋。每歲遇佛忌辰。大食諸國王。皆遣人持寶貝金銀施捨。以錦繡蓋其方丈。每年諸國前來就方丈禮拜。並他國官豪。不拘萬里。皆至瞻禮。方丈後有佛墓。日夜常見霞光。人近不得。往往皆合眼走過。若人臨命終時。取墓上土塗胸。即乘佛力超生云。

有白達國。係大食諸國之京師也。其
國王則佛麻霞勿之子孫也。大食諸
國用兵相侵。不敢犯其境。以故其國
富盛。王出。張皂蓋。金柄。其頂有金獅子。
背負一大金月。耀人目。如星。遠可見也。
城市衢陌。居民豪侈。多寶物珍段。
皆食餅肉酥酪。少魚菜米。產金銀。
碾花上等琉璃。白越諾布。蘇合油。國

人皆相尚以好雪布纏身。所謂軟琉璃者。國所產也。有吉慈尼國。皆大山圍繞。鑿山為城。方二百里。環以大水。其國有禮拜堂百餘所。內一所方十里。國人七日一赴堂禮拜。謂之除幭。其國產金銀。越諾布。金絲錦。五色駝毛段。碾花琉璃。蕃糖合油。無名異。摩娑石。人食餅肉乳酪。

少魚米。民多豪富。居樓閣有至七層者。多畜牧駝馬。地極寒。自秋至春。雪不消。寝近西北故也。

有眉詃骨傳國。居七重之城。自古用黑光大石疊砌。每城相去千步。有蕃塔三百餘。內一塔高八十丈。內有三百六十房。人皆纏頭搭頂。寒即以色毛段為衣。以肉麵為食。以金銀為錢。

所謂鮫綃。薔薇水。梔子花。摩娑石。
硼砂。皆其所產也。
有勿斯離國。其地多名山。秋露既降。
日出照之。凝如糖霜。採而食之。清涼甘
腴。此真甘露也。山天生樹。一歲生粟。次
歲生沒石子。地產火浣布。珊瑚。

大食诸国[7]

宋・周去非

大食者，诸国之总名也。有国千余，所知名者，特数国耳。

有麻离拔国[2]。广州自中冬以后，发船乘北风行，约四十日到地名蓝里，博买苏木、白锡、长白藤。住至次冬，再乘东北风六十日顺风方到。此国产乳香、龙涎、真珠、琉璃、犀角、象牙、珊瑚、木香、没药、血竭、阿魏、苏合油、没石子、蔷薇水等货，皆大食诸国至此博易。国王官民皆事天，官豪皆以金线挑花帛缠头搭项，以白越诸金字布为衣，或衣诸色锦。以红皮为履，居五层楼，食面饼肉酪，贫者乃食鱼蔬。地少稻米，所产果实，甜而不酸。以蒲桃为酒，以糖煮香药为思酥酒，以蜜和香药作眉思打华酒，暖补有益。以金银为钱。巨舶富商皆聚焉。哲宗元祐三年十一月，大食麻啰拔国遣人入贡，即此麻离拔也。

有麻嘉国[3]。自麻离拔国西去，陆行八十余程乃到。此是佛麻霞勿[4]出世之处，有佛所居方丈，以五色玉结甃成墙屋。每岁遇佛忌辰，大食诸国王，皆遣人持宝贝金银施舍，以锦绮盖其方丈。每年诸国前来就方丈礼拜，并他国官豪，不拘万里，皆至瞻礼。方丈后有佛墓，日夜常见霞光，人近不得，往往皆合眼走过。若人临命终时，取墓上土涂胸，即乘佛力超生云。

有白达国[5]，系大食诸国之京师也。其国王则佛麻霞勿之子孙也。大食诸国用兵相侵，不敢犯其境，以故其国富盛。王出，张皂盖，金柄，其顶有玉狮子，背负一大金月，耀人目如星，远可见也。城市衢陌居民，豪侈多宝物珍段，皆食饼肉酥酪，少鱼菜米。产金银、碾花上等琉璃、白越诸布、苏合油。国人皆相尚以好雪布缠头。所谓软琉璃者，国所产也。

有吉慈尼国[6]，皆大山围绕。凿山为城，方二百里，环以大水。其国有礼拜堂百余所，内一所方十里。国人七日一赴堂礼拜，谓之除巇。其国产金银、越诺布、金丝锦、五色驼毛段、碾花琉璃、苏合油、无名异、摩娑石。人食饼肉乳酪，少鱼米。民多豪富，居楼阁有五七层者。多畜牧驼马。地极寒，自秋至春，雪不消，寝近西北故也。

有眉路骨惇国⑦。居七重之城，自上古用黑光大石叠就，每城相去千步。有蕃塔三百余，内一塔高八十丈，内有三百六十房。人皆缠头搭项，寒即以色毛段为衣，以肉面为食，以金银为钱。所谓鲛绡、蔷薇水、栀子花、摩娑石、硼砂，皆其所产也。

有勿斯离国⑧。其地多名山。秋露既降，日出照之，凝如糖霜，采而食之，清凉甘腴，此真甘露也。山天生树，一岁生粟，次岁生没石子。地产火浣布、珊瑚。

解题 ○ 『大食』为波斯语 Tāzi 之音译，原为伊朗地区一部族名，我国古代将之作为阿拉伯国家之通称。当时阿拉伯列国极多，故《岭外代答》以『有国千余』称之，非为实数。又详举麻离拔国、麻嘉国、白达国、吉慈尼国、眉路骨惇国、勿斯离国六国作为代表，以见其风俗。

① 选自《岭外代答》，中华书局 1999 年版，第 99—101 页。
② 麻离拔国：今阿曼之米尔巴特（Murbat）。
③ 麻嘉国：今译麦加，即今沙特阿拉伯之伊斯兰教圣城。
④ 麻霞勿：两《唐书》皆作『摩诃末』，今译穆罕默德，伊斯兰教创立人。
⑤ 白达国：今译巴格达，伊拉克首都。唐宋时，阿拔斯王朝（黑衣大食）建都于此。
⑥ 吉慈尼国：今译加兹尼，宋代时为加兹尼王朝首都，颇繁荣，后为古尔人攻占。
⑦ 眉路骨惇国：指中亚巴里黑（Balkh）城郊外脑巴哈（Naw Bahar）地方，萨珊王朝时，其地有拜火教大教堂，即下文『七重之城』。后为伊斯兰教取代，故得为大食诸国之一。
⑧ 勿斯离国：今译摩苏尔，在伊拉克北部。

西天諸國

宋 周去非

西方諸國。大率以西天之名。凡數百國。最著名者王舍城。天竺國。中印度。蓋佛氏所生。故其名重也。傳聞其地之東。有黑水淤河。大海越之而東。則西域。吐蕃。大理。交阯之境也。其地之西。有東大食海。越之而西。爲大食諸國也。其地之南。有洲名曰細蘭國。其海亦曰細蘭海。昔張騫使大夏。聞身毒國在大夏東南一千里。余聞自大理國至王舍城。亦不過四十程。案賈耽皇華四達記云。自安南通天竺。又達摩之來。浮海至番禺。此海道可通之明驗也。

西天诸国[1]

宋·周去非

西方诸国，大率冠以『西天』之名，凡数百国。最著名者王舍城、天竺国、中印度[2]。盖佛氏所生，故其名重也。传闻其地之东，有黑水、淤河、大海[3]，越之而东，则西域、吐蕃、大理、交趾之境也。其地之西，有东大食海，越之而西，则大食诸国也。其地之南，有洲名曰细兰国，其海亦曰细兰海。昔张骞使大夏，闻身毒国在大夏东南一千里。余闻自大理国至王舍城，亦不过四十程。案贾耽《皇华四达记》云：『自安南通天竺。』又达摩之来，浮海至番禺，此海道可通之明验也。

解题 ○ 西天诸国，指印度诸国。佛生印度，中国视佛之世界为西天，故于印度诸国皆冠以西天之名。《史记·大宛列传》载张骞出使西域，于大夏见邛竹杖、蜀布，问之得知购于身毒，由此推测身毒距蜀不远，此身毒即印度。中印因有喜马拉雅山脉之隔，陆路需迂回远行，而海路则更为便利，故而唐代以后，印度诸国来华，多取道海上丝路，此文即为『海道可通之明验也』。

① 选自《岭外代答》，中华书局 1999 年版，第 108 页。

② 王舍城：传说释迦牟尼在此城附近得道，遂为佛教圣地，遗址在今印度比哈尔邦巴特那之南。天竺国：广义天竺为印度诸国统称，此处特指今巴基斯坦之信德省。中印度：印度半岛中部强国，或为卡拉丘里王朝。

③ 黑水：指怒江，下游为萨尔温江。淤河：即淤泥河，指伊洛瓦底江。大海：即孟加拉国国海。

航海外夷

宋 周去非

今天下沿海州郡。自東北而西南。其行至欽州止矣。沿海州郡。類有市舶。國家綏懷外夷。於泉廣二州置提舉市舶司。故凡蕃商急難之欲赴愬者。必提舉司也。歲十月。提舉司大設蕃商而遣之。其來也。當夏至之後。提舉司征其商而覆護焉。諸蕃國之富盛多寶貨者。莫如大食國。其次闍婆國。其次三佛齊國。其次迺諸國耳。三佛齊者。諸國海道往來之要衝也。三佛齊之來也。正北行。舟歷上下竺與交洋。迺至中國之境。其欲至廣者。入自屯門。欲至泉州者。入自甲子門。闍婆之來也。稍西北

行。舟過十二子石而與三佛齊海道
合於竺嶼之下。大食國之來也。以小舟
運而南行。至故臨國易大舟而東行。
至三佛齊國乃復如三佛齊之入中
國。其他占城。真臘之屬。皆近在交
阯洋之南。遠不及三佛齊國。闍婆
之半。而三佛齊。闍婆又不及大食國
之半也。諸蕃國之入中國。一歲可以往

返。唯大食必二年而後可。大抵蕃舶風便而行。一日千里。一遇朔風。為禍不測。幸泊於吾境。猶有保甲之法。苟泊外國。則人貨俱沒。若夫默伽國。勿斯里等國。其遠也。不知其幾萬里矣。

航海外夷[①]

宋·周去非

今天下沿海州郡，自东北而西南，其行至钦州止矣。沿海州郡，类有市舶。国家绥怀外夷，于泉、广二州置提举市舶司[②]，故凡蕃商急难之欲赴愬者，必提举司也。岁十月，提举司大设蕃商而遣之。其来也，当夏至之后，提举司征其商而覆护焉。诸蕃国之富盛多宝货者，莫如大食国，其次阇婆国，其次三佛齐国，其次乃诸国耳。三佛齐者，诸国海道往来之要冲也。三佛齐之来也，正北行，舟历上下竺与交洋[③]，乃至中国之境。其欲至广者，入自屯门[④]。欲至泉州者，入自甲子门。阇婆之来也，稍西北行，舟过十二子石而与三佛齐海道合于竺屿之下。大食国之来也，以小舟运而南行，至故临国易大舟而东行，至三佛齐国乃复如三佛齐之入中国。其他占城、真腊之属，皆近在交趾洋之南，远不及三佛齐国、阇婆之半，而三佛齐、阇婆又不及大食国之半也。诸蕃国之入中国，一岁可以往返，唯大食必二年而后可。大抵蕃舶风便而行，一日千里，一遇朔风，为祸不测。幸泊于吾境，犹有保甲之法，苟泊外国，则人货俱没。若夫默伽国、勿斯里等国，其远也，不知其几万里矣。

解题 〇 本篇介绍宋代海外航线，其中国起点有二，为福建泉州和广东广州。与外国交易量最大者，则为大食、阇婆、三佛齐。三佛齐即苏门答腊，因据马六甲海峡，成为海上丝路之咽喉要道，凡远洋来华，必来此停靠中转。近洋诸国来华，一年即可往返，而远洋如大食，则需两年。海运之利，今日忖之，仍可想象彼时盛况。

① 选自《岭外代答》，中华书局 1999 年版，第 126—127 页。

② 提举市舶司：南宋于两浙、广南东路、福建三路，置提举市舶司，『掌蕃货海舶征榷贸易之事』。福建置于泉州。广南置于广州。『两浙市舶乃分建于五所』，南宋乾道初，以『两浙冗蠹』罢。

③ 上下竺：马来半岛东之奥尔岛。交洋：即交趾洋，指我国海南岛与越南之间的海域。

④ 屯门：在今深圳西南海面。

占城國　宋　周去非

占城。漢林邑也。境上有馬援銅柱。在
唐曰環王。王所居曰占城。以名其國。地產
名香。犀。象。土皆白砂。可耕之地絕少。
無羊豕蔬茹。人採香為生。國無市
肆。地廣人少。多買奴婢。舶舟以人
為貨。北抵交阯。南抵真臘。臣事交

阯。而日與真臘為仇。乾道癸巳。閩人
有以西班到選。得官吉陽軍都監
者。泛海之官。飄至占城。見其國與
真臘乘象以戰。無大勝負。乃說王以
騎戰之利。教之弓弩騎射。占城王大
悅。具舟送至吉陽。厚齎。隨以買馬。
得數十匹。以戰則克。次年復來。人徒甚
盛。吉陽軍固卻以無馬。乃轉之瓊

管。瓊管不受。遂怒而歸。後不復至也。異時諸國船舟。類為其所虜。蓋其俗本好剽掠。其屬有賓瞳朧國。賓陁陵國。目連舍基在賓陁陵。或云既王舍城。建隆二年曾貢方物。三年八月又來貢。哲宗元祐元年十二月又進貢。有詔賜錢二千六百緡。其慕化抑可嘉也。

占城国[1]

宋·周去非

占城，汉林邑也。境上有马援铜柱[2]。在唐曰环王，王所居曰占城，以名其国。地产名香、犀、象。土皆白砂，可耕之地绝少，无羊豕蔬茹，人采香为生。国无市肆，地广人少，多买奴婢，舶舟以人为货。北抵交趾，南抵真腊，臣事交趾，而日与真腊为仇。乾道癸巳，闽人有以西班到选，得官吉阳军都监者，泛海之官，飘至占城，见其国与真腊乘象以战，无大胜负，乃说王以骑战之利，教之弓弩骑射。占城王大悦，具舟送至吉阳，厚赍。随以买马，得数十匹，以战则克。次年复来，人徒甚盛。吉阳军因却以无马，乃转之琼管，琼管不受，遂怒而归，后不复至也。异时诸国舶舟，类为其所虏，盖其俗本好剽掠。其属有宾瞳胧国、宾陁陵国。目连[3]舍基在宾陁陵，或云既王舍城。建隆二年曾贡方物，三年八月又来贡。哲宗元祐元年十二月又进贡，有诏赐钱二千六百缗，其慕化抑可嘉也。

解题 ○ 占城（*Champa*），即占婆补罗（梵语之意为城），简译占婆、占波，是古代存在于中南半岛上的一个王国，王都位于因陀罗补罗（今茶荞），国土较广，北起今越南河静省横山关，南至平顺省潘郎、潘里地区。占城上古时被称为象林邑，简称林邑，为秦汉象郡象林县故地。

① 选自《岭外代答》，中华书局 1999 年版，第 77 页。
② 马援铜柱：传后汉马援平交趾，立铜柱为汉南极界。关于马援铜柱在于何处，众说纷纭，此即其中一说。
③ 目连：即目犍连，原属婆罗门种姓，事外道，后皈依释迦牟尼，为其十大弟子之一，号称神通第一。传说目连在王舍城皈依佛教，故有舍基。

真臘 總敘 宋 周達觀

真臘國或稱占臘。其國自稱曰甘孛
智。今聖朝按西番經，名其國曰澉浦
只，蓋亦甘孛智之近音也。
自溫州開洋，行丁未針，歷閩廣海
外諸州港口，過七洲洋，經交趾洋，到
占城。又自占城順風可半月到真蒲。

乃其境也。又自真蒲行坤申針。
過崑崙洋。入港。港凡數十。惟第四
港可入。其餘悉以沙淺。故不通巨舟。
然而彌望皆脩藤古木。黄沙白草。
倉卒未易辨認。故舟人以爲港爲
雜事。自港口北行。順水可半月。抵其
地曰查南。乃其屬郡也。又自查南
換小舟。順水可十餘日。過半路村佛

村。渡淡洋。可抵其地曰干傍。取城五十里。

按諸蕃志稱其地廣七千里。其國北抵占城半月路。西南距暹羅半月程。南距番禺十日程。其東則大海也。舊為通商來往之國。

真腊（节选）[1]

宋・周达观

真腊国或称占腊，其国自称曰甘孛智。今圣朝按西番经，名其国曰澉浦只，盖亦甘孛智之近音也。

自温州开洋，行丁未针[2]。历闽、广海外诸州港口，过七洲洋[3]，经交趾洋到占城。又自占城顺风可半月到真蒲，乃其境也。又自真蒲行坤申针，过昆仑洋[4]，入港。港凡数十，惟第四港可入，其余悉以沙浅故不通巨舟。然而弥望皆修藤古木，黄沙白苇，仓卒未易辨认，故舟人以寻港为难事。自港口北行，顺水可半月，抵其地曰查南，乃其属郡也。又自查南换小舟，顺水可十余日，过半路村、佛村，渡淡洋，可抵其地曰干傍，取城五十里。

按《诸番志》称其地广七千里。其国北抵占城半月路，西南距暹罗半月程，南距番禺十日程，其东则大海也。旧为通商来往之国。

解题 ○ 周达观（约1266—1346），自号草庭逸民，温州永嘉人。元成宗元贞元年（1295）奉命随使赴真腊，次年至该国，居住一年许，至大德元年（1297）六月始返，《真腊风土记》即其返国后根据亲身见闻写成。真腊即今天的柬埔寨，《真腊风土记》反映其吴哥时代情况，翔实生动，除描写国都中的伟大建筑和雕刻外，还广泛地叙述当地人民经济活动和日常生活，农业、工业、贸易、衣食住行，无所不包，不愧『风土』二字。

① 选自《真腊风土记校注》，中华书局2000年版，第15—16页。
② 行丁未针：此句与下文『行坤申针』，皆为航海罗盘方向。记载航海使用针位，始见于此。
③ 七洲洋：海南岛东北之七洲列岛。
④ 昆仑洋：昆仑山诸岛以北之附近海面。

三佛齊國

宋　趙汝适

三佛齊。間於真臘。闍婆之間。管州十有五。在泉之正南。冬月順風月餘方至凌牙門。經商三分之一始入其國。國人多姓蒲。累甎為城。周數十里。國王出入乘船。身纏縵布。蓋以絹傘。衛以金鏢。其人民散居城外。戎作牌水居。鋪栢覆茅。不輸租賦。習水陸戰。有所征伐。隨時調發。主首長率領。皆自備兵器糗糧。臨敵敢死。伯於諸國。無緡錢。止鑿白金貿易。四時之氣。多熱少寒。豢畜頗類中國。有花酒。椰子酒。檳榔蜜酒。皆非麴櫱所醞。飲之亦醉。國中文字用番書。以其王指環

為印。上有中國文字之章表明

用焉。國法嚴。犯姦男女懸寘極

刑。國王死。國人剃髮成服。其侍人

多願殉死。積薪烈焰躍入其中。名

曰同生死。有佛名舍銀以。佛像以金

鑄。每國王立。先鑄金形以代其軀。用

金為器皿。供奉甚嚴。其金像器皿

多鐫誌。示後人勿毀。國人如有病劉。

以銀如其身之重施國之窮乏者。示
可緩死。俗稱其王為龍精。不敢
穀食。惟以沙糊食之。否則歲旱而穀
貴。浴以薔薇露。用水則有巨浸之患。
有百寶金冠。重甚。每大朝會。惟王
能冠之。他人莫勝也。傳禪則集諸
子以冠授之。能勝之者則嗣。舊傳
其國地面忽裂成穴。出牛數萬。成

犀穿竇入山。人就取食之。後以竹
木窒其穴。遂斃。土地所產。瑇瑁。腦子。
沉速暫香。麤熟香。降真香。丁香。
檀香。荳蔻。外有真珠。乳香。薔薇
水。梔子花。膃肭臍。沒藥。蘆薈。阿
魏。木香。蘇合油。象牙。珊瑚樹。貓兒
睛。琥珀。蕃布。番劍等。皆大食諸
蕃所產。萃於本國。番商興販。用金。銀。

瓷器。錦綾。纈絹。糖。鐵。酒。米。乾良
薑。大黄。樟腦等物博易。其國在
海中。扼諸番舟車往來之咽喉。古用
鐵索爲限。以備他盜。操縱有機。若
商舶至則縱之。比年寧謐。撤而不
用。唯積水次。土人敬之如佛。舶至必
祠焉。沃之以油。光焰如新。鰐魚
不敢踰爲患。若商舶過不入即出

船合戰期。以必死。故國之舟輻湊焉。蓬豐。登牙儂。淩牙斯加。吉蘭丹。佛羅安。日羅亭。潛邁。拔沓。單馬令。加羅希。巴林馮。新拖。監篦。藍無里。細蘭。皆其屬國也。

三佛齐国⑦

宋·赵汝适

三佛齐，间于真腊、阇婆之间，管州十有五。在泉之正南，冬月顺风月余方至凌牙门。经商三分之一始入其国。国人多姓蒲②。累甓为城，周数十里。国王出入乘船，身缠缦布，盖以绢伞，卫以金镖。其人民散居城外，或作牌水居，铺板覆茅。不输租赋。习水陆战，有所征伐，随时调发，立酋长率领，皆自备兵器糗粮，临敌敢死，伯于诸国。无缗钱，止凿白金贸易。四时之气，多热少寒。豢畜颇类中国。有花酒、椰子酒、槟榔蜜酒，皆非曲糵所酝，饮之亦醉。国中文字用番书。以其王指环为印，亦有中国文字，上章表则用焉。国法严，犯奸男女悉置极刑。国王死，国人削发成服，其侍人各愿徇死，积薪烈焰跃入其中，名曰同生死。有佛名金银山，佛像以金铸。每国王立，先铸金形以代其躯。用金为器皿，供奉甚严。其金像器皿各镌志示后人勿毁。国人如有病剧，以银如其身之重施国之穷乏者，示可缓死。俗号其王为龙精，不敢谷食，惟以沙糊食之，否则岁旱而谷贵。浴以蔷薇露，用水则有巨浸之患。有百宝金冠，重甚，每大朝会，惟王能冠之，他人莫胜也。传禅则集诸子以冠授之，能胜之者则嗣。旧传其国地面忽裂成穴，出牛数万，成群奔突入山，人竞取食之，后以竹木窒其穴，遂绝。土地所产：瑇瑁、脑子、沉速暂香、粗熟香、降真香、丁香、檀香、荳蔻，外有真珠、乳香、蔷薇水、栀子花、腽肭脐、没药、芦荟、阿魏、木香、苏合油、象牙、珊瑚树、猫儿睛、琥珀、蕃布、番剑等，皆大食诸蕃所产，萃于本国。番商兴贩用金、银、瓷器、锦绫、缬绢、糖、铁、酒、米、干良姜、大黄、樟脑等物博易。其国在海中，扼诸番舟车往来之咽喉，古用铁索为限，以备他盗，操纵有机，若商舶至则纵之。比年宁谧，撤而不用，堆积水次，土人敬之如佛，舶至则祠焉，沃之以油则光焰如新，鳄鱼不敢逾为患。若商舶过不入，即出船合战，期以必死，故国之舟辐凑焉。蓬丰、登牙侬、凌牙斯加、吉兰丹、佛罗安、日罗亭、潜迈、拔沓、单马令、加罗希、巴林冯、新拖、监篦、蓝无里、细兰，皆其属国也。

解题 ○ 三佛齐国在今苏门答腊东南部，《唐书》称之为室利佛逝，都于巴林冯（又名浡淋邦，旧港，今译巴林旁），为南海诸国中最大国，扼踞交通要道马六甲海峡，万商云集，舟船辐辏，为当时各国货物聚运之处，其经济文化为诸国之冠。当时佛教盛行，国中常有僧侣千余人，其戒律和轨仪与印度无异，故我国西去求佛法人，往往泛海至此学习梵文，研究佛法，唐高僧义净亦曾来此。

① 选自《诸蕃志校释》，中华书局2000年版，第34—36页。

② 三佛齐人多姓蒲，为马来语音译，意为先生。

闍婆國

宋 趙汝適

闍婆國又名莆家龍。於泉州為丙巳方。率以冬月發船。蓋藉北風之便。順風晝夜月餘可到。東至海。水勢漸低。女人國在焉。愈東則尾閭之所泄。非復人世。泛海半月至崑崙國。南至海三日程。泛海五日至大食國。西

至海四十五日程。北至海四日程。西北至
海十五日至渤泥國。又十日至三佛齊
國。又七日至古邏國。又七日至柴歷亭。
抵交趾。達廣州。國有寺二。一名聖佛。
一名捨身。有山出鸚鵡。名鸚鵡山。其
王椎髻。戴金鈴。衣錦袍。躡革履。坐
方牀。官吏日謁。三拜而退。出入乘象
或腰輿。壯士五七百輩執兵以從。國

人兒王皆坐。俟其過乃起。以王子三人
為副王。官有司馬。傑洛。佶連。苦治
國事。以中國宰相。無月俸。隨時量
給土產諸物。次有文吏三百餘員。分主
城池帑廩及軍卒。其領兵者歲
給金二十兩。勝兵三萬。歲人給金有差。
土俗婚聘無媒妁。但納黄金於女家
以萴之。不設刑禁。犯罪者隨輕重出

黄金以贖。惟寇盜寘諸死。正月
遊船。十月遊山。或騎馬。或乘輭兜。
樂有橫笛鼓板。亦能舞。山中多猴。
不畏人。呼以霄霄之聲。即出。投以菓實。
則有大猴先至。土人謂之猴王。先食
畢。羣猴食其餘。國中有竹園。有
鬬雞鬬猪之戲。屋宇壯麗。飾以
金碧。賈人至者。館之賓舍。飲食

暹羅。土人被髮。其衣裳纏胸。下
至於膝。疾病不服藥。但禱求神佛。
民有名而無姓。尚氣好鬭。與三佛
齊有讎。互相攻擊。宋元嘉十二年
嘗通中國。後絕。皇朝淳化三年復
脩貢之禮。其地坦平。宜種植。產
稻。蘇。粟。豆。無麥。耕田用牛。民輸
十一之租。煮海為鹽。多魚鼈。雞鴨。山

羊。無雉馬牛以食。菓實有大瓜椰
子。芭蕉子。甘蔗。芋。出象牙。犀角。真
珠。龍腦。瑇瑁。檀香。茴香。丁香。荳
蔻。蓽澄茄。降真香。花簟。番劍。
胡椒。檳榔。硫磺。紅花。蘇木。白鸚鵡。
亦務蠶織。有雜色繡絲。吉貝。綾
布。地不產茶。酒出於椰子及蝦猱
丹樹之中。此樹蠻人未曾見。或以

桄榔槟榔酿成。亦自清香。蔗糖其色红白。味极甘美。以铜银鍮锡杂铸为钱。钱六十准金一分。三十二准金半两。番商兴贩。用以杂金银及金银器皿。五色缬绢。皂绫。川芎。白芷。朱砂。绿矾。白矾。硼砂。砒霜。漆器。铁鼎。青白瓷器交易。此番胡椒萃聚。商船利倍蓰之获。往往冒禁潜载銅錢博換。朝廷屢行禁止興販。
番商詭計，易其名曰蘇吉丹。

阇婆国①

宋·赵汝适

阇婆国又名莆家龙，于泉州为丙巳方，率以冬月发船，盖借北风之便，顺风昼夜月余可到。东至海，水势渐低，女人国在焉。愈东则尾闾之所泄，非复人世，泛海半月至昆仑国②。南至海三日程，泛海五日至大食国。西至海四十五日程。北至海四日程。西北泛海十五日至渤泥国。又十日至三佛齐国，又七日至古逻国，又七日至柴历亭，抵交趾，达广州。国有寺二③，一名圣佛，一名舍身。有山出鹦鹉，名鹦鹉山。其王椎髻，戴金铃，衣锦袍，蹑革履，坐方床。官吏日谒，三拜而退。出入乘象或腰舆，壮士五七百辈执兵以从。国人见王皆坐，俟其过乃起。以王子三人为副王。官有司马杰、落佶连，共治国事，如中国宰相，无月俸，随时量给土产诸物。次有文吏三百余员，分主城池帑廪及军卒。其领兵者岁给金二十两，胜兵三万，岁亦给金有差。土俗婚聘无媒妁，但纳黄金于女家以取之。不设刑禁，犯罪者随轻重出黄金以赎，惟寇盗则置诸死。五月游船，十月游山，或跨山马，或乘软兜。乐有横笛鼓板，亦能舞。山中多猴，不畏人，呼以霄霄之声即出，投以果实，则有大猴先至，土人谓之猴王，先食毕，群猴食其余。国中有竹园，有斗鸡斗猪之戏。屋宇壮丽，饰以金碧。贾人至者，馆之宾舍。饮食丰洁。土人被发。其衣装缠胸，下至于膝。疾病不服药，但祷求神佛。民有名而无姓。尚气好斗，与三佛齐有雠，互相攻击。宋元嘉十二年尝通中国，后绝。皇朝淳化三年复修朝贡之礼。其地坦平，宜种植，产稻、麻、粟、豆，无麦，耕田用牛。民输十一之租。煮海为盐。多鱼鳖、鸡鸭、山羊，兼椎马牛以食。果实有大瓜、椰子、蕉子、甘蔗、芋。出象牙、犀角、真珠、龙脑、瑇瑁、檀香、茴香、丁香、荳蔻、荜澄茄、降真香、花簟、番剑、胡椒、槟榔、硫磺、红花、苏木、白鹦鹉，亦务蚕织，有杂色绣丝、吉贝、绫布。地不产茶酒，出于椰子及虾猱丹树之中，此树华人未曾见，或以桄榔槟榔酿成，亦自清香。蔗糖其色红白，味极甘美。以铜、银、鍮、锡杂铸为钱，钱六十准金一两，三十二准金半两。番商兴贩，用夹杂金银，及金银器皿、五色缬绢、皂绫、川芎、白芷、朱砂、绿矾、白矾、鹏砂、砒霜、漆器、铁鼎、青白瓷器交易。此番胡椒萃聚，商舶利倍蓰之获，往往冒禁，潜载铜钱博换，朝廷屡行禁止兴贩，番商诡计，易其名曰苏吉丹。

解题 ○ 阇婆即爪哇，为南海最大岛屿，自东爪哇信德王迁都后，国势强盛，英主辈出。至《宋史》之穆罗荼王时统一全岛并控制巴利，将贸易区域扩大到马鲁古群岛，兵锋直指苏门答腊，使三佛齐大受威胁。宋太宗淳化三年（992），三佛齐向宋朝求援，宋出兵相助，杀阇婆国王，毁其都城，东爪哇陷入割据局面，阇婆从此入贡中国，不再战争。

① 选自《诸蕃志校释》，中华书局2000年版，第54—55页。

② 昆仑国：今马鲁古群岛，又名香料群岛。

③ 阇婆国中寺庙有两类，一为佛寺，一为舍身寺。舍身即印度神话之主神湿婆（Shiva），为婆罗门教供奉。

南毗國

宋 趙汝適

南毗國在西南之極。自三佛齊便風月餘可到。國都號蔑阿抹。唐語曰禮司。其主裸體跣足。縛頭纏腰。皆用白布。或著白布窄袖衫。出則騎象。戴金帽。以真珠珍寶雜飾其上。臂繫金纏。足圈金鍊。儀仗有蠡縣。用孔雀羽為飾。柄拖銀朱。凡二十餘人。左右翊衛。從以番婦。擇貌壯奇偉者前後約百餘人。前者舞導。皆裸體跣足。以布纏腰。後者騎馬無鞍。纏腰束髮。以真珠為瓔珞。以真金為纏鍊。用腦麝雜藥塗體。繖以孔雀毛傘。其餘從行官屬。以白番布為袋。坐其上名

曰布袋轎。以杠舁之。杠飾以金銀。在
舞婦之前。國多沙地。王出先差官
一員及兵卒百餘人，持水灑地，以防颶
風播揚。飲食精細。鼎以百計。日一易之。
有官名翰林，供王飲食。視其食之
多寡。每歲納之。無使過度。或因而
致疾。必嘗糞之甘苦，以療治之。國人
紫色。耳輪垂肩。習弓箭。善刀矟。

喜戰鬭。征伐皆乘象。臨敵以絛纈纏頭。事佛尤謹。地暖無寒。米穀。麻。豆。麥。粟。芋。菜。食用皆足。價亦廉平。鑿雜白銀為錢。鏤官印記。民用以貿易。土產真珠。諸色番布。兜羅錦。國有淡水江。乃諸流湊匯之處。江極廣袤。傍有山突兀。常有星現其上。秀氣鍾結。產為小石如猫兒睛。其色明透。埋於山坎中。不時山水發。潮湧推流。官時差人乘小舸採取。國人孫之。故臨胡茶辣。甘琶逸。鄉離沙。麻囉華。馮牙囉。麻哩抹。都奴何。啞哩嗟。嗷囉、哩嗜其屬國也。其國最遠。番船罕到。時羅巴智力干父子。其種類也。今居泉之城南。土產之物。本國運至吉囉達弄。

三佛齊。用荷池纈絹。瓷器。樟
腦。大黄。黄連。丁香。腦子。檀香。荳
蔻。沉香為貨。商人就博易焉。故
臨國自南毗舟行。順風五日可到。泉
舶四十餘日到藍里住冬。次年
再發。一月始達。土俗大率與南毗無
異。土產椰子。蘇木。酒用蜜糖和椰
子花汁釀成。好事弓箭。戰鬪

臨敞以絛纈纏髻。交易用金銀錢。以銀錢十二準金錢之一。地暖無寒。每歲自三佛齊。監篦。吉陀等國發船博易用貨之。與南毗國大食人多寓其國中。每浴畢用鬱金塗體。蓋欲彷彿之金身。

南毗国[1]

宋·赵汝适

南毗国在西南之极。自三佛齐便风月余可到，国都号蔑阿抹，唐语曰礼司。其主裸体跣足，缚头缠腰，皆用白布，或著白布窄袖衫，出则骑象，戴金帽，以真珠珍宝杂拖其上，臂系金缠，足圈金练。仪仗有纛，用孔雀羽为饰，柄拖银朱，凡二十余人，左右翊卫，从以番妇，择貌壮奇伟者前后约五百余人，前者舞导，皆裸体跣足，止用布缠腰，后者骑马，无鞍，缠腰束发，以真珠为缨络，以真金为缠练。用脑麝杂药涂体，蔽以孔雀毛伞，其余从行官属，以白番布为袋，坐其上，名曰布袋轿，以扛舁之。扛包以金银，在舞妇之前。国多沙地。王出，先差官一员及兵卒百余人持水洒地，以防飓风播扬。饮食精细，鼎以百计，日一易之。有官名翰林，供王饮食，视其食之多寡，每裁纳之，无使过度。或因而致疾，则尝粪之甘苦以疗治之。国人紫色，耳轮垂肩。习弓箭，善刀矟，喜战斗。征伐皆乘象，临敌以彩缬缠头。事佛尤谨。地暖无寒，米、谷、麻、豆、麦、粟、芋、菜，食用皆足，价亦廉平。凿杂白银为钱，镂官印记，民用以贸易。土产真珠、诸色番布、兜罗绵。国有淡水江，乃诸流凑汇之处。江极广袤，傍有山突兀，常有星现其上，秀气钟结，产为小石如猫儿睛。其色明透，埋于山坎中，不时山水发，溯洪推流。官时差人乘小舸采取，国人珍之。故临[2]、胡茶辣、甘琶逸、弼离沙、麻曜华、冯牙啰、麻哩抹、都奴何、哑哩喏、嗷啰啰哩皆其属国也。其国最远，番舶罕到。时罗巴、智力干父子，其种类也，今居泉之城南。土产之物，本国运至吉啰、达弄、三佛齐，用荷池缬绢、瓷器、樟脑、大黄、黄连、丁香、脑子、檀香、荳蔻、沉香为货，商人就博易焉。故临国自南毗舟行，顺风五日可到，泉舶四十余日到蓝里住冬，至次年再发，一月始达。土俗大率与南毗无异。土产椰子、苏木，酒用蜜糖和椰子花汁酝成。好事弓箭[3]，战斗临敌以彩缬缠髻。交易用金银钱，以银钱十二准金钱之一。地暖无寒。每岁自三佛齐、监篦、吉陀等国发船，博易用货亦与南毗同。大食人多寓其国中。每浴毕，用郁金涂体，盖欲仿佛之金身。

解题○南毗国在古代又被称为古里，为印度大城，在今卡雷卡特（Cailcut）。关于此国，有两点特殊意义值得注意：第一，中国航海家郑和与葡萄牙航海家达·伽马先后于1406年和1498年登陆于此，又先后于1433年和1524年卒于此，此城遂成为东西两大航海家的命运交汇之处。第二，此地盛产棉花，纺织业发达，英文单词『印花布』（Cailco）即源于此地。选文描绘了南毗国的风土人情，从『裸体跣足，缚头缠腰』的异族服饰，到『习弓箭，善刀矟，喜战斗』的民族风俗，『地暖无寒，食用皆足』的生活环境以及周围属国、国内种姓、国家特产等情况，读之仿佛亲历，体现了在南宋发达的海上丝绸之路作用下，中外交往日益密切，开阔了国人的眼界。

① 选自《诸蕃志校释》，中华书局2000年版，第66—68页。

② 故临：古国名。《宋书·天竺传》称柯兰，在今印度南端西海岸。

③ 好事弓箭：此为印度西海岸之武士种姓，乃勤族风俗。

木蘭皮國　宋 趙汝适

木蘭皮國大食國西有巨海。海之西
有國不可勝數。大食巨艦所可至
者。木蘭皮國爾。自大食之陀盤地國
發舟。正西涉海百餘日方至其國。一
舟可容數千人。舟中有酒食肆機
杼之屬。言舟之大者莫木蘭皮若也。

園之所產極異。麥粒長三寸。瓜圍六尺。可食二三十人。榴重五斤。桃重二斤。李圓重二十餘斤。萵苣葉每莖可重十餘斤。其葉長三四尺。米麥開地窖藏之。數十年不壞。產胡羊。高數尺。尾大如扇。春剖腹取脂數十斤。再縫合而活。不取必發腹脹死。陸行二百程。日晷長三時。

秋月西風句忽起。人蘇達就以欲乃

生。補遺斯篇也。

木兰皮国①

宋·赵汝适

木兰皮国。大食国西有巨海，海之西有国不可胜数。大食巨舰所可至者，木兰皮国尔。自大食之陁盘地国②发舟，正西涉海百余日方至其国。一舟可容数千人，舟中有酒食肆机杼之属，言舟之大者莫木兰皮若也③。国之所产极异，麦粒长二寸，瓜围六尺，可食二三十人，榴重五斤，桃重二斤，香圆重二十余斤，莴苣菜每茎可重十余斤，其叶长三四尺。米麦开地窖藏之，数十年不坏。产胡羊，高数尺，尾大如扇，春剖腹取脂数十斤，再缝合而活，不取则发臃胀死。陆行二百程，日晷长三时，秋月西风忽起，人兽速就水饮乃生，稍迟则渴死。

解题○木兰皮国系十一世纪末至十二世纪中叶非洲北部与西班牙的穆拉比特王朝（al-Murabitūm），『木兰皮』为非洲柏柏尔族西部地区之称，穆拉比特人为柏柏尔族人之一，信仰伊斯兰教，原为半宗教、半军事之组织。后建立穆拉比特帝国，都于今摩洛哥马拉喀什城，后又攻占西班牙之塞维利亚以为陪都，五十年间成为世界舞台上的显耀角色。本篇介绍了木兰皮国丰富奇特的麦粒、瓜、榴、桃、莴苣等特产，展现出南宋海外贸易的发达。

① 选自《诸蕃志校释》，中华书局2000年版，第117—118页。

② 陁盘地国：今埃及杜姆亚特港，十二世纪时，为法提玛王朝对外贸易的主要港口之一。

③ 木兰皮国有木兰舟，长数丈，可容千人，舟上市井列肆齐备，可贮数年粮，吨位约在三千担。

勿斯里國　宋　趙汝适

勿斯里國。屬白達國節制。國王白
皙。打纏頭。著番衫。穿皂靴。出入乘
騎馬。前有看馬三百匹。鞍轡盡飾以
金寶。有虎十頭。縻以鐵索。伏虎者
百人。弄鐵索者五十人。持器械者一百
人。臂鷹者三十人。又有騎圍護。有

親奴三百。多帶甲持劍。二人持衛
器械導王前。其後有百騎鳴鼓。
儀從甚都。國人惟食餅肉不食飯。
其國多旱。管八一十六州。周回六十餘
程。有兩路人民耕種。反為之漂壞。
有江水極清甘。莫知水源所出。歲旱
諸國江水皆消減。惟此水如常。田疇
充足。農民藉以耕種。歲率如此。人

至有七八十歲不識雨者。舊傳蒲羅
牛第三代孫名十宿。曾據此國。爲其
無雨。恐有旱乾之患。遂於近江擇地
置三百六十鄉。村村皆種麥。遞年
供國人日食。每村供一日。三百六十村可
足一年之食。又有州名甌野。傍近此江。
兩年或三年必有一老人自江水中
出。頭髮黑短。鬚鬢皓白。坐於水中

石上。惟現半身。掬水洗面。剔甲。國人
見之。知其爲異。近前拜問。令歲人民
吉凶。如其人不語爲吠。以其年豐
稔。民無札瘥。爲蹙額。以是年或
次年必有兇歉疾疫。坐良久復沒
亦見。江中有水駱駝。水馬。時登岸
齧草。見人卽沒入水。

勿斯里国[1]

宋·赵汝适

勿斯里国，属白达国节制。国王白皙，打缠头，着番衫，穿皂靴。出入乘马，前有看马三百匹，鞍辔尽饰以金宝，有虎十头，縻以铁索，伏虎者百人，弄铁索者五十人，持擂棒者一百人，臂鹰者三十人，又千骑围护，有亲奴三百，各带甲持剑，二人持御器械导王前，其后有百骑鸣鼓，仪从甚都。国人惟食饼肉，不食饭。其国多旱，管下一十六州，周回六十余程，有雨则人民耕种反为之漂坏。有江水极清甘，莫知水源所出，岁旱诸国江水皆消灭，惟此水如常，田畴充足，农民借以耕种，岁率如此[2]。人至有七八十岁不识雨者。旧传蒲啰牛第三代孙名十宿[3]，曾据此国，为其无雨，恐有旱干之患，遂于近江择地置三百六十乡村，村皆种麦，递年供国人日食，每村供一日，三百六十村可足一年之食。又有州名憩野[4]，傍近此江。两年或三年必有一老人自江水中出，头发黑短，须鬓皓白，坐于水中石上，惟现半身，掬水洗面、剔甲，国人见之，知其为异，近前拜问今岁人民吉凶。如其人不语若笑，则其年丰稔，民无扎瘥；若蹙额，则是年或次年必有凶歉疾疫，坐良久复没不见[5]。江中有水骆驼、水马[6]，时登岸啮草，见人则没入水。

解题○ 勿斯里为阿拉伯语之音译，即今埃及，曾被阿拔斯王朝第一任哈里发征服，故云『属白达国节制』。本文详述该国风物，中有两处记载尤堪可观。一是对尼罗河的描述，二是对水中异兽的形容，今日于实地考之，皆可验证，足见海上丝绸之路勾连全球，早将国人寻幽访胜之视野带至遥远的西方，几大古老文明从来不是孤立生长。

① 选自《诸蕃志校释》，中华书局 2000 年版，第 120—121 页。
② 此江水即埃及母亲河尼罗河。
③ 十宿：为 Jaseph 之音译，即《圣经》中约瑟，据此则其曾祖蒲啰牛即为亚伯拉罕之阿拉伯语音译。
④ 憩野：开罗的阿拉伯语音译。
⑤ 此处所记江中老人，即古代东地中海经常出现之僧面海豹。
⑥ 水骆驼、水马：即海马与犀牛。

遏根陀國

宋 趙汝適

遏根陀國。勿斯里之屬也。相傳古人
異人徂葛尼。於瀕海建大塔。下鑿地
為兩屋。塼結甚密。一窖糧食。一儲
器械。塔高二百丈。可通四馬齊驅
而上。至三分之二。塔心開大井。結渠透大
江以防他國兵侵。則舉國據塔以

拒敵。上下可容二萬人。內居守而外出戰。其頂上有鏡極大。他國或有兵船侵犯。鏡先照見。即預備守禦之計。近年為外國人投塔。執役掃灑數年。人不疑之。忽一日得便盜鏡拋沉海中而去。

遏根陀国[1]

宋·赵汝适

遏根陀国，勿斯里之属也。相传古人异人徂葛尼[2]，于濒海建大塔[3]，下凿地为两屋，砖结甚密，一窖粮食，一储器械，塔高二百丈，可通四马齐驱而上，至三分之二，塔心开大井，结渠透大江以防他国兵侵，则举国据塔以拒敌，上下可容二万人，内居守而外出战。其顶上有镜极大，他国或有兵船侵犯，镜先照见，即预备守御之计。近年为外国人投塔下。执役扫洒数年，人不疑之，忽一日得便，盗镜抛沉海中而去。

① 选自《诸蕃志校释》，中华书局2000年版，第123页。

② 徂葛尼：即亚历山大大帝的阿拉伯语名音译。

③ 大塔：此塔今日仍在亚历山大城附近之法鲁斯岛，故又名法鲁斯塔，为世界七大奇迹之一。

解题 ○ 遏根陀国即今译之亚历山大港，公元前332年，马其顿王亚历山大征服埃及，于此建城，以王为名。阿拉伯帝国兴起前，曾为东罗马帝国所有，作为帝国海军基地，因其为北非走廊之咽喉，故为东罗马帝国与阿拉伯人必争之地。本文所述之濒海大塔，即世界七大奇迹之一的亚历山大灯塔。西国奇迹，东方笔乘，两者合璧，正可作为丝路佳话。

麻逸國

宋 趙汝適

麻逸國。在渤泥之北。團聚千餘家。夾溪而居。土人披布如被。或腰布蔽體。有銅佛像。散佈草野。不知所自。盜少。至其境。商舶入港。駐於官場前。官場者。其國闤闠之所也。登舟與之雜處。酋長日用白傘。故

商人必齎以為贐。交易之例。蠻賈
叢至。隨篙搬取物貨而去。初若
不可曉。徐辨認搬貨之人。亦無遺
失。蠻賈乃以其貨轉入他島嶼貿
易。率至八九月始歸。以其所得準
償舶商。亦有過期不歸者。故販麻
逸舶回最晚。三嶼。白蒲延。蒲里嚕。
里銀。東流新。里漢等。皆其屬也。

土產黃蠟。吉貝。真珠。瑇瑁。藥檳榔。于達布。商人用瓷器。貨金。鐵鼎。烏鉛。五色琉璃珠。鐵針等博易。

麻逸国[1]

宋·赵汝适

麻逸[2]国，在渤泥之北，团聚千余家，夹溪而居。土人披布如被，或腰布蔽体。有铜佛像，散布草野，不知所自。盗少。至其境，商舶入港，驻于官场前，官场者，其国阛阓之所也，登舟与之杂处。酋长日用白伞，故商人必赍以为贶。交易之例，蛮贾丛至，随笈篱搬取物货而去，初若不可晓，徐辨认搬货之人，亦无遗失。蛮贾乃以其货转入他岛屿贸易，率至八九月始归，以其所得准偿舶商，亦有过期不归者。故贩麻逸舶回最晚。三屿、白蒲延、蒲里噜、里银、东流新、里汉等，皆其属也。土产黄蜡、吉贝[3]、真珠、瑇瑁、药槟榔、于达布。商人用瓷器、货金、铁鼎、乌铅、五色琉璃珠、铁针等博易。

解题 ○ 麻逸国即吕宋群岛中之民都洛岛，宋元时期，菲律宾各岛间小国甚多，而麻逸国于宋太宗时期已往来广州进行贸易，为吕宋群岛中最早与我国往来者。

① 选自《诸蕃志校释》，中华书局 2000 年版，第 141 页。
② 麻逸：今菲律宾民都洛岛和吕宋岛一带。
③ 吉贝是中国古代对『棉』的称谓，宋时广泛种于南洋，苏轼贬谪海南时，亦曾记载过有吉贝布。

浡泥

元　汪大淵

龍山磐礴於其右。基宇雄敞。源田獲利。夏月稍冷。冬乃極熱。俗尚侈。男女椎髻。以五采帛繫腰。花錦為衫。崇奉佛像唯嚴。尤敬愛唐人。醉也則扶之以歸歇處。民煮海為鹽。釀秫為酒。有酋長。仍選其國能算者一人掌文簿。計其出納。收稅。無纖毫之差焉。地產降真。黃蠟。玳瑁。梅花片腦。其樹如杉檜。劈裂而取之。必齋浴而後往。貨用白銀。赤金。色緞。牙箱。鐵器之屬。

浡泥[1]

元·汪大渊

龙山礚磲于其右。基宇雄敞，源田获利。夏月稍冷，冬乃极热。俗尚侈。男女椎髻，以五彩帛系腰，花锦为衫。崇奉佛像唯严。尤敬爱唐人，醉也则扶之以归歇处。

民煮海为盐，酿秫为酒。有酋长，仍选其国能算者一人掌文簿，计其出纳，收税，无纤毫之差焉。地产降真、黄蜡、玳瑁、梅花片脑[2]。其树如杉桧，劈裂而取之，必斋浴而后往。货用白银、赤金、色缎、牙箱、铁器之属。

解题 ○ 汪大渊（约1311年—？），字焕章，江西南昌人，元代地理学家、航海家。汪大渊于至顺元年（1330），从泉州搭乘商船出海远航，历经海南岛、占城、马六甲等地，横渡地中海到摩洛哥，再回到埃及，出红海到索马里、莫桑比克，横渡印度洋回到斯里兰卡、苏门答腊、爪哇，经澳洲到加里曼丹、菲律宾返回泉州，前后历时五年。（后）至元三年（1337），汪大渊再次从泉州出航，历经南洋群岛、阿拉伯海、波斯湾等地，（后）至元五年（1339），返回泉州。汪大渊两次远航，足迹广及西南太平洋，止于大西洋，为当时仅有，因此被西方学者称为『东方的马可·波罗』。《岛夷志略》为汪大渊所著，内容虽与《岭外代答》《诸蕃志》等书有重合之处，然皆其亲历，自与他书不同。本篇写浡泥古国，在今文莱一带，古时为东西洋之分界，位置极其重要。

① 选自《岛夷志略校释》，中华书局1981年版，第148页。

② 降真：香名，香似苏枋木，烧之烟直上，能入药，传说能降神，亦名鸡骨香、紫藤香。梅花片脑：是一种香料，即龙脑香。

琉球

元 汪大淵

地勢盤穹，林木合抱。山曰翠麓，曰重曼，曰斧頭，曰大峙。其峙山極高峻，自澎湖望之甚近。余登此山則觀海潮之消長，夜半則望暘谷之日出，紅光燭天，山頂為之俱明。土潤田沃，宜稼穡。氣候漸暖，俗與澎湖差異。水無舟

楫。以筏濟。男子婦人拳髮。以
花布爲衫。
煮海水爲鹽。釀蔗漿爲酒。知番主
酋長之尊。有父子骨肉之義。他國
之人倘有所犯。則生割其肉以啖之。取
其所懸木竿。
地產沙金。黄蔗。黍子。硫黄。黄蠟。
鹿。豹。麂皮。貿易之貨。用土珠。瑪

瑙。金珠。粗碗。處州磁器之屬。海外

諸國蓋由此始。

琉球[1]

元・汪大渊

地势盘穹，林木合抱。山曰翠麓，曰重曼，曰斧头，曰大崎。其峙山极高峻，自澎湖[2]望之甚近。余登此山则观海潮之消长，夜半则望旸谷之日出，红光烛天，山顶为之俱明。土润田沃，宜稼穑。气候渐暖，俗与彭湖差异。水无舟楫，以筏济之。男子妇人拳发，以花布为衫。

煮海水为盐，酿蔗浆为酒。知番主酋长之尊，有父子骨肉之义。他国之人倘有所犯，则生割其肉以啖之，取其头悬木竿。

地产沙金、黄荳、黍子、硫黄、黄蜡、鹿、豹、麂皮。贸易之货，用土珠、玛瑙、金珠、粗碗、处州磁器之属。海外诸国盖由此始。

解题○此篇所云琉球，即今我国台湾。古人言琉球，实则一名二地，明代以前专指台湾，明代以后则指冲绳。台湾岛《隋书》作『流求』，唐宋人因之，凡在多见，不劳列举。明代以后，台湾有东番、东港、北港、鸡笼、淡水之称，崇祯后统为台湾，不再复用他名，而琉球遂专指冲绳。台湾地方，最早见于《三国志》，称夷洲，古人考证甚详。早在当时，台湾便已成为海上丝绸之路的重要前哨，系祖国不可分割之神圣领土。

① 选自《岛夷志略校释》，中华书局1981年版，第17—18页。

② 澎湖：今澎湖列岛附近，靠近琉球。

甲辰仲春書綠語情之四

龍江檣帆運通八極於金陵

未了齋主人時年六十有九

孫曉雲

第五辑

五

協和萬邦
四海同體

雍州牧箴

漢　揚雄

黑水西河。橫截崑崙。邪指閶闔。畫為雍垠。上侵積石。下礙龍門。自彼氐羌。莫不敢來庭。莫不敢來臣。每在季主。常失厥緒。侯紀不貢。荒侵其寓。陵遲衰微。秦據以戾。興兵山東。六國顛沛。上帝不寧。命漢作凉。隴山以徂，列為西荒。南排勁越，北啟彊胡。並連屬國，一護攸都。盖安不忘危，盛不諱衰。牧臣司雍，敢告贅衣。

雍州牧箴[1]

汉·扬雄

黑水西河，横截昆仑。邪指阊阖[2]，画为雍垠。上侵积石，下碍龙门。自彼氐羌，莫不敢来庭，莫不敢来臣。每在季主[3]，常失厥绪。侯纪不贡[4]，荒侵其寓。陵迟衰微，秦据以戾。兴兵山东，六国颠沛。上帝不宁，命汉作凉。陇山以徂，列为西荒。南排劲越，北启强胡。并连属国，一护攸都[5]。盖安不忘危，盛不讳衰。牧臣司雍，敢告赘衣[6]。

解题 ○ 扬雄（前53—公元18），又作杨雄，字子云，蜀郡成都人，西汉文学家、哲学家、语言学家。早年好辞赋，仿司马相如赋作《长杨》《甘泉》诸赋，后转而治经，仿《论语》作《法言》，仿《周易》作《太玄》，又有语言学著作《方言》。《雍州牧箴》为扬雄《十二州箴》之一，以四言箴语的形式表达了雍州的地理位置及其重要性，其中『南排劲越，北启强胡。并连属国，一护攸都』尤其强调出其地处交通要冲的特点。

① 选自《扬雄集校注》，上海古籍出版社1993年版，第337页。
② 邪指：即斜对。阊阖：天门，此处指雍州据形胜之要。
③ 季主：末代帝王，此指商周之末代。
④ 侯纪：诸侯之记录。不贡：不纳贡称臣。
⑤ 属国：汉武帝时北伐匈奴，开武威、张掖等郡，分处降者，置属国。一护攸都：汉宣帝时置都护，监护西域三十六国，一护即西域都护。
⑥ 赘衣：即缀衣，周代官名，此处借指天子近臣。

張騫傳 節選 漢 班固

張騫。漢中人也。建元中為郎。時匈奴降者言匈奴破月氏王。以其頭為飲器。月氏遁而怨匈奴。無與共擊之。漢方欲事滅胡。聞此言。欲通使。道必更匈奴中。乃募能使者。騫以郎應募。使月氏。與堂邑氏奴甘

父俱出隴西。徑匈奴。匈奴得之。傳詣
單于。單于曰。月氏在吾北。漢何以得
往使。吾欲使越。漢肯聽我乎。留
騫十餘歲。予妻有子。然騫持漢節
不失。
居匈奴西。騫因與其屬亡鄉月氏。
西走數十日至大宛。大宛聞漢之饒財。
欲通不得。見騫。喜。問欲何之。騫

曰。為漢使月氏而為匈奴所閉道。〻
亡。唯王使人道送我。誠得至。反漢。
漢之賂遺王財物不可勝言。大宛以
為然。遣騫。為發譯道。抵康居。
康居傳致大月氏。大月氏王已為胡
所殺。立其夫人為王。既臣大夏而君
〻。地肥饒少寇。志安樂。又自以遠〻
漢。殊無報胡之心。騫從月氏至大夏。

竟不能得月氏要領。
留歲餘。還。並南山。欲從羌中歸。復
為匈奴所得。留歲餘。單于死。國內
亂。騫與胡妻及堂邑父俱亡歸
漢。拜騫太中大夫。堂邑父為奉
使君。
騫為人彊力。寬大信人。蠻夷愛之。
堂邑父胡人。善射。窮急射禽獸

給食。初。騫行時百餘人。去十三歲。唯
二人得還。
騫身所至者。大宛。大月氏。大夏。康居。
而傳聞其旁大國五六。且為天子言
其地形。所有。語皆在西域傳。
騫曰。臣在大夏時。見邛竹杖。蜀布。問。
安得此。大夏國人曰。吾賈人往市之
身毒國。身毒國在大夏東南可

數千里。其俗土著，與大夏同，而卑
溼暑熱。其民乘象以戰。其國臨大
水焉。以騫度之，大夏去漢萬二千里，
居西南。今身毒又居大夏東南數千
里，有蜀物，此其去蜀不遠矣。今使大
夏，從羌中，險，羌人惡之；少北，則為
匈奴所得；從蜀宜徑，又無寇。天子
既聞大宛及大夏、安息之屬皆大

國多奇物。土著。頗與中國同俗。而
兵弱。貴漢財物。其北有大月氏。康
居之屬。兵彊。可以賂遺設利朝也。
誠得而以義屬之。則廣地萬里。重
九譯。致殊俗。威德徧於四海。天子欣
然。以騫言為然。乃令騫因蜀犍為發間
使。四道並出。出駹。出莋。出徙。出邛僰。
皆各行一二千里。其北方閉氐筰。南

方閑嶲。昆明。昆明之屬無君長。善
寇盜。輒殺略漢使。終莫得通。然
聞其西可千餘里。有乘象國。名滇
越。而蜀賈間出物者或至焉。於是漢
以求大夏道始通滇國。初。漢欲通
西南夷。費多。罷之。及騫言可以通大
夏。乃復事西南夷。
騫以校尉從大將軍擊匈奴。知水

草處。軍得以不乏。乃封騫為博望侯。是歲。元朔六年也。後二年。騫為衛尉。與李廣俱出右北平擊匈奴。匈奴圍李將軍。軍失亡多。而騫後期當斬。贖為庶人。是歲驃騎將軍破匈奴西邊。殺數萬人。至祁連山。其秋。渾邪王率眾降漢。而金城。河西並南山至鹽澤。空無匈奴。

匈奴時有候者到。而希矣。後二年。
漢擊走單于於幕北。
天子數問騫大夏之屬。騫既失侯。
因曰。臣居匈奴中。聞烏孫王號昆
莫。昆莫父難兜靡本與大月氏俱
在祁連。敦煌間。小國也。大月氏攻
殺難兜靡。奪其地。人民亡走匈奴。
子昆莫新生。傅父布就翕侯抱亡

置草中。爲求食。還。見狼乳之。又
烏銜肉翔其旁。以爲神。遂持歸
匈奴。單于愛養之。及壯。以其父民衆
與昆莫。使將兵。數有功。時。月氏已
爲匈奴所破。西擊塞王。塞王南走
遠徙。月氏居其地。昆莫既健。自請
單于報父怨。遂西攻破大月氏。大月
氏復西走。徙大夏地。昆莫略其衆。因

留居。兵稍彊。會單于死。不肯復朝事匈奴。匈奴遣兵擊之。不勝。益以為神而遠之。今單于新困於漢。而昆莫地空。蠻夷戀故地。又貪漢物。誠以此時厚賂烏孫。招以東居故地。漢遣公主為夫人。結昆弟。其勢宜聽。則是斷匈奴右臂也。既連烏孫。自其西大夏之屬皆可招來而為外還。天子以為然。拜騫為中郎將。將三百人。馬各二匹。牛羊以萬數。齎金幣帛直數千巨萬。多持節副使。道可便遣之旁國。騫既至烏孫。致賜諭指。未能得其決。語在西域傳。騫即分遣副使使大宛。康居。月氏。大夏。烏孫發譯道送騫。與烏孫使數十人。馬數十匹。報謝。因令窮漢。知其廣大。騫還。拜為大行。歲餘。騫卒。後歲餘。其所遣副使通大夏之屬者皆頗與其人俱來。於是西北國始通於漢矣。然騫鑿空。諸後使往者皆稱博望侯。以為質於外國。外國由是信之。其後。烏孫竟與漢結婚。

张骞传（节选）①

汉·班固

张骞，汉中人也，建元中为郎。时匈奴降者言匈奴破月氏王，以其头为饮器，月氏遁而怨匈奴，无与共击之。汉方欲事灭胡，闻此言，欲通使，道必更匈奴中，乃募能使者。骞以郎应募，使月氏，与堂邑氏奴甘父俱出陇西。径匈奴，匈奴得之，传诣单于。单于曰：『月氏在吾北，汉何以得往使？吾欲使越，汉肯听我乎？』留骞十余岁，予妻，有子，然骞持汉节不失。

居匈奴西，骞因与其属亡乡月氏，西走数十日，至大宛。大宛闻汉之饶财，欲通不得，见骞，喜，问欲何之。骞曰：『为汉使月氏而为匈奴所闭道，今亡，唯王使人道送我。诚得至，反汉，汉之赂遗王财物不可胜言。』大宛以为然，遣骞，为发译道，抵康居。康居传致大月氏。大月氏王已为胡所杀，立其夫人为王。既臣大夏而君之，地肥饶，少寇，志安乐。又自以远远汉，殊无报胡之心。骞从月氏至大夏，竟不能得月氏要领②。

留岁余，还，并南山，欲从羌中归，复为匈奴所得。留岁余，单于死，国内乱，骞与胡妻及堂邑父俱亡归汉。拜骞太中大夫，堂邑父为奉使君。

骞为人强力，宽大信人，蛮夷爱之。堂邑父胡人，善射，穷急射禽兽给食。初，骞行时百余人，去十三岁，唯二人得还。

骞身所至者，大宛、大月氏、大夏、康居，而传闻其旁大国五六，且为天子言其地形，所有。语皆在《西域传》。

骞曰：『臣在大夏时，见邛竹杖、蜀布，问：「安得此？」大夏国人曰：「吾贾人往市之身毒国。身毒国在大夏东南可数千里。其俗土著，与大夏同，而卑湿暑热。其民乘象以战。其国临大水焉。」以骞度之，大夏去汉万二千里，居西南。今身毒又居大夏东南数千里，有蜀物，此其去蜀不远矣。今使大夏，从羌中，险，羌人恶之；少北，则为匈奴所得；从蜀，宜径，又无寇。』天子既闻大宛及大夏、安息之属皆大国，多奇物，土著，颇与中国同俗，而兵弱，贵汉财物；其北则大月氏、康居之属，兵强，可以赂遗设利朝也。诚得而以义属之，则广地万里，重九译③，致殊俗，威德遍于四海。天子欣欣以骞言为然。乃令因蜀犍为发间使，四道并出：出駹，出莋，出徙、邛，出僰，皆各行一二千里。其北方闭氐、莋，南方闭巂、昆明。昆明之属无君长，善寇盗，辄杀略汉使，终莫得通。然闻其西可千余里，有乘象国，名滇越，而蜀贾间出物者或至焉，于是汉以求大夏道始通滇国。初，汉欲通西南夷，费多，罢之。及骞言可以通大夏，乃复事西南夷。

骞以校尉从大将军击匈奴，知水草处，军得以不乏，乃封骞为博望侯。是岁，元朔六年也。后二年，骞为卫尉，与李广俱出右北平击匈奴。匈奴围李将军，军失亡多，而骞后期当斩，赎为庶人。是岁骠骑将军破匈奴西边，杀数万人，至祁连山。其秋，浑邪王率众降汉，而金城、河西并南山至盐泽，空无匈奴。匈奴时有候者到，而希矣。后二年，汉击走单于于幕北。

天子数问骞大夏之属。骞既失侯，因曰：『臣居匈奴中，闻乌孙王号昆莫。昆莫父难兜靡本与大月氏俱在祁连、敦煌间，小国也。大月氏攻杀难兜靡，夺其地，人民亡走匈奴。子昆莫新生，传父布就翕侯抱亡置草中，为求食，还，见狼乳之，又乌衔肉翔其旁，以为神，遂持归匈奴，单于爱养之。及壮，以其父民众与昆莫，使将兵，数有功。时，月氏已为匈奴所破，西击塞王。塞王南走远徙，月氏居其地。昆莫既健，自请单于报父怨，遂西攻破大月氏。大月氏复西走，徙大夏地。昆莫略其众，因留居，兵稍强，会单于死，不肯复朝事匈奴。匈奴遣兵击之，不胜，益以为神而远之。今单于新困于汉，而昆莫地空。蛮夷恋故地，又贪汉物，诚以此时厚赂乌孙，招以东居故地，汉遣公主为夫人，结昆弟，其势宜听，则是断匈奴右臂也。既连乌孙，自其西大夏之属皆可招来而为外臣。』天子以为然，拜骞为中郎将，将三百人，马各二匹，牛、羊以万数，赍金币帛直数千巨万，多持节副使，道可便遣之旁国。骞既至乌孙，致赐谕指，未能得其决。语在《西域传》。骞即分遣副使使大宛、康居、月氏、大夏。乌孙发译道送骞，与乌孙使数十人，马数十匹。报谢，因令窥汉，知其广大。

骞还，拜为大行。岁余，骞卒。后岁余，其所遣副使通大夏之属者皆颇与其人俱来，于是西北国始通于汉矣。然骞凿空④，诸后使往者皆称博望侯，以为质于外国，外国由是信之。其后，乌孙竟⑤与汉结婚。

① 选自《汉书》，中华书局1962年版，第2687—2693页。

② 要领：原指腰和脖子，引申为中心要点。

③ 九译：辗转翻译，引申为边远地区或外国。

④ 凿空：开通道路。

⑤ 竟：终于。

解题 ○ 张骞（?—前115），字翁子，西汉汉中成固人，官大行，封博望侯，两次出使西域，加强了中原和西域之间的联系，开辟出中国通往西方的陆上丝绸之路。选篇出自《汉书·张骞传》，叙写张骞两次出使始末，先是出使大月氏，后则出使乌孙，其最初动因皆为联合抗击匈奴。然而两次出使的过程却使汉人的眼界得以开阔，同时又从西域所见汉朝西南的物品，推断出西南方向的异域文明，从而开启了汉代交通西南的篇章，展示出陆上丝路的建立过程。

西域傳 節選

漢 班固

烏孫國，大昆彌治赤谷城，去長安八千九百里。戶十二萬，口六十三萬，勝兵十八萬八千八百人。相，大祿，左右大將二人，侯三人，大將、都尉各一人，大監二人，大吏一人，舍中大吏二人，騎君一人。東至都護治所千七百二十一里，西至康居蕃內地五千里。地莽平。多雨。
寒。山多松樠。不田作種樹。隨畜逐水
草。與匈奴同俗。國多馬。富人至四
五千匹。民剛惡。貪狼無信。多寇盜。
最為彊國。故服匈奴。後盛大。取羈
屬。不肯往朝會。東與匈奴。西北與
康居。西與大宛。南與城郭諸國相
接。本塞地也。大月氏西破走塞王。塞

王南越縣度。大月氏居其地。後烏孫昆莫擊破大月氏。大月氏徙西臣大夏。而烏孫昆莫居之。故烏孫民有塞種。大月氏種云。

始張騫言烏孫本與大月氏共在敦煌間。今烏孫雖彊大。可厚賂招。令東居故地。妻以公主。與為昆弟。以制匈奴。語在張騫傳。武帝即位。令騫齎金幣往。昆莫見騫如單于禮。騫大慙。謂曰。天子致賜。王不拜。則還賜。昆莫起拜。其它如故。初。昆莫有十餘子。中子大祿彊。善將。將衆萬餘騎別居。大祿兄太子。太子有子曰岑陬。太子蚤死。謂昆莫曰。必以岑陬為太子。昆莫哀許之。大祿怒。乃收其昆弟。將衆畔。謀攻岑陬。昆莫

與岑陬萬餘騎。各別居。昆莫亦自
有萬餘騎以自備。國分為三。大總
羈屬昆莫。騫既致賜。諭指曰。烏
孫能東居故地。則漢遣公主為夫人。
結為昆弟。共距匈奴。不足破也。烏孫
遠漢。未知其大小。又近匈奴。服屬日
久。其大臣皆不欲徙。昆莫年老國
分。不能專制。乃發使送騫。因獻馬

馬十匹報謝。其使見漢人衆富厚。
歸其國。其國後乃益重漢。
匈奴聞其與漢通。怒欲擊之。又漢
使烏孫。乃出其南。抵大宛。月氏。相屬
不絕。烏孫於是恐。使使獻馬。願得
尚漢公主。爲昆弟。天子問君臣議
許。曰。必先内聘。然後遣女。烏孫以馬
千匹聘。漢元封中。遣江都王建女

細君為公主。以妻焉。賜乘輿服御物。
為備官屬宦官侍御數百人。贈
送甚盛。烏孫昆莫以為右夫人。匈
奴亦遣女妻昆莫。昆莫以為左夫人。
公主至其國。自治宮室居。歲時一再
與昆莫會。置酒飲食。以幣帛。賜
王左右貴人。昆莫年老。言語不通。
公主悲愁。自為作歌曰。吾家嫁我兮

天一方。远托异国兮乌孙王。穹庐
为室兮旃为墙，以肉为食兮酪为
浆。居常土思兮心内伤，愿为黄鹄
兮归故乡。天子闻而怜之，间岁
遣使者持帷帐锦绣给遗焉。
昆莫年老，欲使其孙岑陬尚公主。
公主不听，上书言状。天子报曰：从其
国俗，欲与乌孙共灭胡。岑陬遂妻

公主。昆莫死。岑陬代立。岑陬者。官
號也名。軍須靡。昆莫。王號也。名
獵驕靡。後書昆彌云。岑陬尚江都
公主。生一女少夫。公主死。漢復以楚王
戊之孫解憂為公主。妻岑陬。岑陬
胡婦子泥靡尚小。岑陬且死。以國與
季父大祿子翁歸靡。曰泥靡大。以
國歸之。

翁歸靡既立。號肥王。復尚楚主
解憂。生三男兩女。長男曰元貴靡。
次曰萬年。為莎車王。次曰大樂。為左
大將。長女弟史為龜茲王絳賓
妻。小女素光為若呼翎侯妻。
昭帝時。公主上書。言。匈奴發騎田車
師。車師與匈奴為一。共侵烏孫。唯
天子幸救之。漢養士馬。議欲擊匈

奴。會昭帝崩。宣帝初即位。公主
及昆彌皆遣使上書。言。匈奴復連
發大兵侵擊烏孫。取車延。惡師
地。收人民去。使使謂烏孫趣持公主
來。欲隔絕漢。昆彌願發國半精兵。
自給人馬五萬騎。盡力擊匈奴。
唯天子出兵以救。公主昆彌。漢兵大
發十五萬騎。五將軍分道並出。

昆彌及太子。左右大將。都尉皆遣
使。凡三百餘人。入漢迎取少主。上乃
以烏孫主解憂弟子相夫為公主。
置官屬侍御百餘人。舍上林中。
學烏孫言。天子自臨平樂觀。會
匈奴使者。外國君長大角抵。設樂
而遣之。

西域传（节选）[7]

汉·班固

乌孙国，大昆弥治赤谷城[2]，去长安八千九百里。户十二万，口六十三万，胜兵十八万八千八百人。相，大禄，左右大将二人，侯三人，大将、都尉各一人，大监二人，大吏一人，舍中大吏二人，骑君一人。东至都护治所千七百二十一里，西至康居蕃内地五千里。地莽平。多雨，寒。山多松樠。不田作种树，随畜逐水草，与匈奴同俗。国多马，富人至四五千匹。民刚恶，贪狼[3]无信，多寇盗，最为强国。故服匈奴，后盛大，取羁属，不肯往朝会。东与匈奴、西北与康居、西与大宛、南与城郭诸国相接。本塞地也，大月氏西破走塞王，塞王南越县度。大月氏居其地。后乌孙昆莫击破大月氏，大月氏徙西臣大夏，而乌孙昆莫居之，故乌孙民有塞种、大月氏种云。

始张骞言乌孙与大月氏共在敦煌间，今乌孙虽强大，可厚赂招，令东居故地，妻以公主，与为昆弟，以制匈奴。语在《张骞传》。武帝即位，令骞赍金币住。昆莫见骞如单于礼，骞大惭，谓曰：『天子致赐，王不拜，则还赐。』昆莫起拜，其它如故。

初，昆莫有十余子，中子大禄强，善将，将众万余骑别居。大禄兄太子，太子有子曰岑陬。太子蚤[4]死，谓昆莫曰：『必以岑陬为太子。』昆莫哀许之。大禄怒，乃收其昆弟，将众畔，谋攻岑陬。昆莫与岑陬万余骑，令别居，昆莫亦自有万余骑以自备。国分为三，大总羁属昆莫。骞既致赐，谕指曰：『乌孙能东居故地，则汉遣公主为夫人，结为昆弟，共距匈奴，不足破也。』乌孙远汉，未知其大小，又近匈奴，服属日久，其大臣皆不欲徙。昆莫年老国分，不能专制，乃发使送骞，因献马数十匹报谢。其使见汉人众富厚，归其国，其国后乃益重汉。

匈奴闻其与汉通，怒欲击之。又汉使乌孙，乃出其南，抵大宛、月氏，相属不绝。乌孙于是恐，使使献马，愿得尚汉公主[5]，为昆弟。天子问君臣，议许，曰：『必先内聘，然后遣女。』乌孙以马千匹聘。汉元封中，遣江都王建女细君为公主，以妻焉。赐乘舆服御物，为备官属宦官侍御数百人，赠送甚盛。乌孙昆莫以为右夫人。匈奴亦遣女妻昆莫，昆莫以为左夫

人。公主至其国，自治宫室居，岁时一再与昆莫会，置酒饮食，以币、帛赐王左右贵人。昆莫年老，言语不通，公主悲愁，自为作歌曰：『吾家嫁我兮天一方，远托异国兮乌孙王。穹庐为室兮旃为墙，以肉为食兮酪为浆。居常土思兮心内伤，愿为黄鹄兮归故乡。』天子闻而怜之，间岁遣使者持帷帐锦绣给遗焉。

昆莫年老，欲使其孙岑陬尚公主。公主不听，上书言状，天子报曰：『从其国俗，欲与乌孙共灭胡。』岑陬遂妻公主。昆莫死，岑陬代立。岑陬者，官号也，名军须靡。昆莫，王号也，名猎骄靡。后书『昆弥』云。岑陬尚江都公主，生一女少夫。公主死，汉复以楚王戊之孙解忧为公主，妻岑陬。岑陬胡妇子泥靡尚小，岑陬且死，以国与季父大禄子翁归靡，曰：『泥靡大，以国归之。』

翁归靡既立，号肥王，复尚楚主解忧，生三男两女：长男曰元贵靡；次曰万年，为莎车王；次曰大乐，为左大将；长女弟史为龟兹王绛宾妻；小女素光为若呼翖侯妻。

昭帝时，公主上书，言：『匈奴发骑田车师，车师与匈奴为一，共侵乌孙，唯天子幸救之！』汉养士马，议欲击匈奴。会昭帝崩，宣帝初即位，公主及昆弥皆遣使上书，言：『匈奴复连发大兵侵击乌孙，取车延、恶师地，收人民去，使使谓乌孙趣持公主来，欲隔绝汉。昆弥愿发国半精兵，自给人马五万骑，尽力击匈奴。唯天子出兵以救公主、昆弥。』汉兵大发十五万骑，五将军分道并出。语在《匈奴传》。遣校尉常惠使持节护乌孙兵，昆弥自将翖侯以下五万骑从西方人，至右谷蠡王庭，获单于父行及嫂、居次、名王、犁污都尉、千长、骑将以下四万级，马、牛、羊、驴、橐驼七十余万头，乌孙皆自取所虏获。还，封惠为长罗侯。是岁，本始三年也。汉遣惠持金币赐乌孙贵人有功者。

元康二年，乌孙昆弥因惠上书：『愿以汉外孙元贵靡为嗣，得令复尚汉公主，结婚重亲，畔绝匈奴，原聘马骡各千匹。』诏下公卿议，大鸿胪萧望之以为：『乌孙绝域，变故难保，不可许。』上美乌孙新立大功，又重绝故业，遣使者至乌孙，先迎取聘。昆弥及太子、左右大将、都尉皆遣使，凡三百余人，入汉迎取少主。上乃以乌孙主解忧弟子相夫为公主，置官属侍御百余人，舍上林中，学乌孙言。天子自临平乐观，会匈奴使者、外国君长大角抵，设乐而遣之。

解题〇 此篇选自《汉书·西域传》，叙写西域大国乌孙与汉朝的外交风云。张骞出使西域，认识到乌孙与匈奴之间的仇恨，故汉朝愿与乌孙和亲，以为外援，共击匈奴。此后汉、乌孙多次和亲，尤以『乌孙公主』刘细君的远嫁故事最为动人。而后两国互为唇齿，一方面开展交流与贸易，互惠互利；一方面结成攻守同盟，同仇敌忾，共同谱写了丝绸之路上的友好睦邻之歌。

① 选自《汉书》，中华书局1962年版，第3901—3906页。
② 昆弥：即昆莫，乌孙王号。赤谷城：乌孙都城。
③ 贪狼：犹贪狠。
④ 蚤：早。
⑤ 尚汉公主：古代娶公主为妻称为『尚主』，『尚汉公主』即娶汉公主。

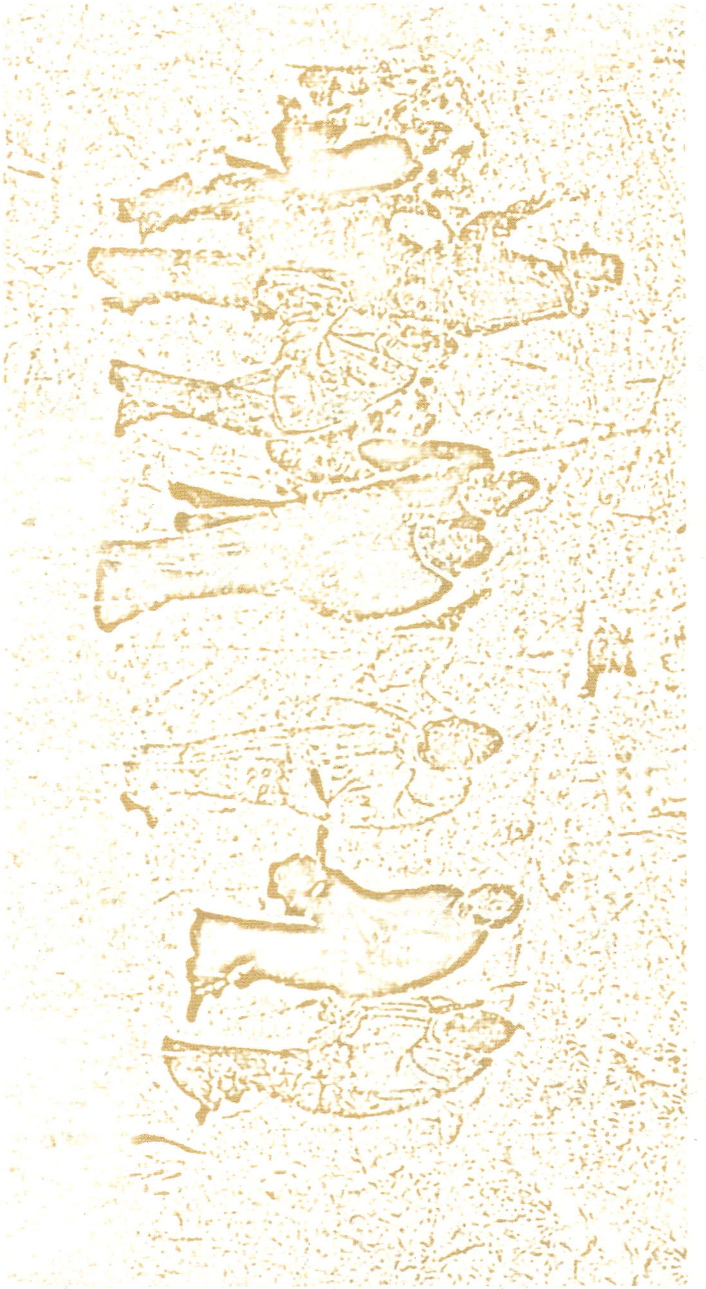

西域傳贊

漢 班固

孝武之世。圖制匈奴。患其兼從西國。結黨南羌。乃表河西。列四郡。開玉門。通西域。以斷匈奴右臂。隔絕南羌。月氏。單于失援。由是遠遁。而幕南無王庭。

遭值文。景玄默。養民五世。天下殷富。

財力有餘。士馬彊盛。故能睹犀布。瑇
瑁則建珠崖七郡。感枸醬竹杖則
開牂柯。越巂。聞天馬。蒲陶則通大
宛。安息。自是之後。明珠。文甲。通犀。
翠羽之珍盈於後宮。蒲梢。龍文。魚
目。汗血之馬充於黃門。鉅象。師子。
猛犬。大雀之羣食於外囿。殊方異
物。四面而至。於是。廣開上林。穿昆明

池。營千門萬戶之宮。立神明通天
之臺。興造甲乙之帳。落以隨珠和
璧。天子負黼依。襲翠被。馮玉几。
而處其中。設酒池肉林以饗四夷
之客。作巴俞都盧。海中碭極。漫衍。
魚龍。角抵之戲以觀視之。及賂遺
贈送。萬里相奉。師旅之費。不可
勝計。至於用度不足。乃榷酒酤。

鹽鐵。鑄白金。造皮幣。算至車船。
租及六畜。民力屈。財力竭。困之以兇
年。寇盜並起。道路不通。直指之使
如出。衣繡杖斧。斷斬於郡國。然後
勝之。是以末年遂棄輪臺之地。而
下哀痛之詔。豈非仁聖之所悔哉。且
通西域。近有龍堆。遠則葱嶺。身
熱。頭痛。縣度之阨。淮南。杜欽。揚

雄之論皆以為此天地所以界別區
域絕外內也書曰西戎即序禹即
就而序之非上威服致其貢物也
西域諸國各有君長兵眾分弱無
所統一雖屬匈奴不相親附匈奴能
得其馬畜旃罽而不能統率與
之進退與漢隔絕道里又遠得之
不為益棄之不為損盛德在我無

取於彼。故自建武以來。西域思漢威
德。咸樂內屬。唯其小邑鄯善。車
師。界迫匈奴。尚為所拘。而其大國
莎車。于闐之屬。數遣使置質於漢。
願請屬都護。聖上遠覽古今。因
時之宜。羈縻不絕。辭而未許。雖大
禹之序西戎。周公之讓白雉。太宗之
卻走馬。義兼之矣。亦何以尚茲。

西域传赞[1]

汉·班固

孝武之世，图制匈奴，患其兼从西国，结党南羌，乃表河西，列四郡，开玉门，通西域，以断匈奴右臂，隔绝南羌、月氏。单于失援，由是远遁，而幕南无王庭。

遭值文、景玄默，养民五世，天下殷富，财力有余，士马强盛。故能睹犀布、瑇瑁则建珠崖七郡，感枸酱、竹杖则开牂柯、越巂，闻天马、蒲陶则通大宛、安息[2]。自是之后，明珠、文甲、通犀、翠羽之珍盈于后宫，薄梢、龙文、鱼目、汗血之马充于黄门，巨象、师子、猛犬、大雀之群食于外囿。殊方异物，四面而至。于是，广开上林，穿昆明池，营千门万户之宫，立神明通天之台，兴造甲乙之帐，落以随珠和璧，天子负黼依，袭翠被，冯玉几，而处其中。设酒池肉林以飨四夷之客，作《巴俞》都卢、海中《砀极》、漫衍鱼龙、角抵之戏以观视之[3]。及赂遗赠送，万里相奉，师旅之费，不可胜计。至于用度不足，乃榷酒酤，筦盐铁，铸白金，造皮币，算至车船，租及六畜。民力屈，财力竭，因之以凶年，寇盗并起，道路不通，直指之使始出，衣绣杖斧，断斩于郡国，然后胜之。是以末年遂弃轮台之地，而下哀痛之诏，岂非仁圣之所悔哉！且通西域，近有龙堆，远则葱岭，身热、头痛、县度之阸。淮南、杜钦、扬雄之论，皆以为此天地所以界别区域，绝外内也。《书》曰『西戎即序』[4]，禹即就而序之，非上威服致其贡物也。

西域诸国，各有君长，兵众分弱，无所统一，虽属匈奴，不相亲附。匈奴能得其马畜旃罽，而不能统率与之进退。与汉隔绝，道里又远，得之不为益，弃之不为损。盛德在我，无取于彼。故自建武以来，西域思汉威德，咸乐内属。唯其小邑鄯善、车师，界迫匈奴，尚为所拘。而其大国莎车、于阗之属，数遣使置质于汉，愿请属都护。圣上远览古今，因时之宜，羁縻不绝，辞而未许。虽大禹之序西戎，周公之让白雉，太宗之却走马[5]，义兼之矣，亦何以尚兹！

乌孙贵人有功者。
元康二年。乌孙昆弥因惠上书。愿
以汉外孙元贵靡为嗣。得令复尚
汉公主。结婚重亲。畔绝匈奴。原聘
马骡各千匹。诏下公卿议。大鸿胪
萧望之以为。乌孙绝域。变故难保。
不可许。上美乌孙新立大功。又重
绝故业。遣使者至乌孙。先迎取聘。

語在匈奴傳。遣校尉常惠使持
節護烏孫兵。昆彌自將翎侯以下
五萬騎從西方入。至右谷蠡王
庭。獲單于父行及嫂。居次。名王。犁
汙都尉。千長。騎將以下四萬級。馬牛。
羊。驢。橐駝七十餘萬頭。烏孫皆自
取所虜獲。還。封惠為長羅侯。是
歲。本始三年也。漢遣惠持金幣賜

解题 ○ 《西域传赞》系班固为《汉书·西域传》所作赞语，对汉朝经营西域、对外交流的历史进行了总结。本文三段可分为四层：第一段交代汉朝与西域外交的起于武帝时为作战需要，『断匈奴右臂』。第二段又可分为两层，由『遭值文、景玄默』至『不可胜计』为一层，写开辟丝路所获之利，一在于奇珍异宝，『殊方异物，四面而至』，一在于文艺交流，如『曼衍鱼龙，角抵之戏』；由『至于用度不足』至段末为另一层，讲武帝当国时因对外用事，耗费无度之弊。第三段为最后一层，收结在汉朝以威德服人，西域归附。

① 选自《汉书》，中华书局 1962 年版，第 3928—3930 页。

② 此句写汉朝的边疆经营，珠崖七郡在南海，牂柯、越嶲在西南，大宛、安息则位于西域，各有奇特物产。

③ 《巴俞》都卢、海中《砀极》、漫衍鱼龙、角抵之戏：此皆为各地或外国艺术形式。

④ 西戎即序：亦作『西戎即叙』，语出《尚书·禹贡》，谓西戎各族安定顺从。

⑤ 周公之让白雉：周公相成王，越裳氏献白雉，周公力辞。太宗之却走马：太宗即汉文帝，有人献千里马，文帝不受。

渡瀾倉歌　　東漢民歌

漢德廣。開不賓。度博南。越蘭津。

渡瀾倉。為它人。

渡兰仓歌①

东汉民歌

汉德广，开不宾。度博南②，越兰津③。渡兰仓，为它人。

解题〇《渡兰沧歌》又称《行人歌》，最早见于东晋常璩所撰的《华阳国志·南中志》，而后被《后汉书》征引，系滇云地区历史记载的第一首完整汉语诗歌，反映了汉代开发西南夷地的进程。

① 选自《后汉书》，中华书局1965年版，第2849页。

② 博南：博南山，在永平县城西南，是博南古道的必经之路。

③ 兰津：兰津渡是云南省现存最早的渡口，为博南古道横过澜沧江之要冲。

西域傳 節選　南朝宋 范曄

西域內屬諸國。東西六千餘里。南北
千餘里。東極玉門。陽關。西至蔥領。
其東北與匈奴。烏孫相接。南北有大
山。中央有河。其南山東出金城。與漢
南山屬焉。其河有兩源。一出蔥領
東流。一出于窴南山下北流。與蔥領

河合。東注蒲昌海。蒲昌海一名鹽
澤。去玉門三百餘里。
自敦煌西出玉門。陽關。涉鄯善。北
通伊吾千餘里。自伊吾北通車師
前部高昌壁千二百里。自高昌壁
北通後部金滿城五百里。此其西域
之門戶也。故戊己校尉更互屯焉。伊
吾地宜五穀。桑麻。蒲萄。其北又有

柳中皆膏腴之地。故漢常與匈奴
爭車師、伊吾。以制西域焉。
自鄯善踰葱領出西諸國。有兩道。
傍南山北。陂河西行至莎車。為南
道。南道踰葱領。則出大月氏、安息
之國也。自車師前王庭隨北山。陂河
西行至疏勒。為北道。北道西踰葱
領。出大宛、康居、奄蔡焉。

出玉門。經鄯善。且末。精絕三千餘
里至拘彌。
拘彌國居寧彌城。去長史所居柳
中四千九百里。去洛陽萬二千八百里。
領户二千一百七十三。口七千二百五十一。勝
兵千七百六十人。
順帝永建四年。于窴王放前殺拘
彌王興。自立其子爲拘彌王。而遣使

者貢獻於漢。敦煌太守徐由上求
討之。帝赦于窴罪。令歸拘彌國。
放前不肯。陽嘉元年。徐由遣疏勒
王臣槃發二萬人擊于窴。破之。
斬首數百級。放兵大掠。更立興宗
人成國為拘彌王而還。至靈帝熹
平四年。于窴王安國攻拘彌。大破之。
殺其王。死者甚眾。戊己校尉。西域長

吏各發兵輔立拘彌侍子定興為
王。時人衆裁有千口。其國西接于寘
三百九十里。
于寘國。居西城。去長史所居五千三
百里。去洛陽萬一千七百里。領戶三萬
二千。口八萬三千。勝兵三萬餘人。
建武末。莎車王賢強盛。攻并于
寘。徙其王俞林為驪歸王。明帝

永平中。于寘將休莫霸反莎車。
自立為于寘王。休莫霸死。兄子廣
德立。後遂滅莎車。其國轉盛。
從精絕西北至疏勒十三國皆服從。
而鄯善王亦始彊盛。自是南道自
蔥領以東。唯此二國為大。
順帝永建六年。于寘王放前遣
侍子詣闕貢獻。元嘉元年。長史

趙評在于寘病癰死。評子迎喪。道經拘彌。拘彌王成國與于寘王建素有隙。乃語評子云。于寘王令胡醫持毒藥著創中。故致死耳。評子信之。還入塞。以告敦煌太守馬達。明年。以王敬代為長史。達令敬隱覈其事。敬先過拘彌。成國復說云。于寘國人欲以我為王。今可因此罪誅建。于寘必服矣。欽貪立功名。且受成國之說。前到于寘。設供具請建。而陰圖之。或以欽謀告建。建不信。曰。我無罪。王長史何爲欲殺我。旦日。建從官屬數十人詣欽。坐定。建起行酒。欽叱左右執之。吏士並無殺建意。官屬悉得突走。時成國主簿秦牧隨欽在會。持刀出

出曰大事已定。何爲復疑。即前斬
建。于寘侯將輸棘人等遂會兵攻
敬。敬持建頭上樓宣告曰。天子使
我誅建耳。于寘侯將遂焚營舍。
燒殺吏士上樓斬敬。懸首於市。輸
棘人欲自立爲王。國人殺之。而立建子安
國焉。馬達聞之。以將諸郡兵出塞
擊于寘。桓帝不聽。徵達還。而以

宋亮代爲敦煌太守。亮到。開募于窴。令自斬輸僰。時輸僰死已經月。乃斷死人頭送敦煌。而不言其狀。亮後知其詐。而竟不能出兵。于窴恃此遂驕。

自于窴經皮山。至西夜。子合。德若焉。

西夜國一名漂沙。去洛陽萬四千四百里。戶二千五百。口萬餘。勝兵三千人。地

生白草。有毒。國人煎以為藥。傅
箭鏃。所中即死。漢書中誤云西夜。
子合是一國。今各自有王。
子合國居呼犍谷。去疏勒千里。領戶
三百五十。口四千。勝兵千人。
德若國領戶百餘。口六百七十。勝兵三
百五十人。東去長史居三千五百三十
里。去洛陽萬二千一百五十里。與子合

相接。其俗皆同。

自皮山西南經烏秅。涉懸度。歷罽賓。六十餘日行至烏弋山離國。地方數千里。時改名排持。

復西南馬行百餘日至條支。

條支國城在山上。周回四十餘里。臨西海。海水曲環其南及東北。三面路絕。唯西北隅通陸道。土地暑濕。出師子。

犀牛。封牛。孔雀。大雀。大雀其卵如甕。
轉北而東。復馬行六十餘日至安息。
後役屬條支。爲置大將。監領諸
小城焉。
安息國。居和櫝城。去洛陽二萬五千
里。北與康居接。南與烏弋山離接。
地方數千里。小城數百。戶口勝兵最
爲殷盛。其東界木鹿城。號爲小

安息，去洛陽二萬里。
章帝章和元年，遣使獻師子、符
拔。符拔形似麟而無角。和帝永
元九年，都護班超遣甘英使大
秦，抵條支。臨大海欲度，而安息西界
船人謂英曰：海水廣大，往來者逢
善風，三月乃得度；若遇遲風，亦有
二歲者，故入海人皆齎三歲糧。海中

善使人思土戀慕。數有死亡者。英
聞之乃止。十三年。安息王滿屈復
獻師子及條支大鳥。時謂之安息雀。
自安息西行三千四百里至阿蠻國。
從阿蠻西行三千六百里至斯賓
國。從斯賓南行度河。又西南至于
羅國九百六十里。安息西界極矣。自
此南乘海。乃通大秦。其土多海西珍

奇異物焉。

大秦國一名犁鞬。以在海西，亦云海西國。地方數千里，有四百餘城，小國役屬者數十。以石為城郭，列置郵亭，皆堊塈之。有松柏諸木百草。人俗力田作，多種樹蠶桑。皆髡頭而衣文繡，乘輜軿白蓋小車，出入擊鼓，建旌旗幡幟。

所居城邑。周圜百餘里。城中有五宮。相去各十里。宮室皆以水精爲柱。食器亦然。其王日遊一宮。聽事五日而後徧。常使一人持囊隨王車。人有言事者。即以書投囊中。王至宮發省。理其枉直。各有官曹文書。置三十六將。皆會議國事。其王無有常人。皆簡立賢者。國中災異

及風雨不時。輒廢而更立。受放者
甘黜不怨。其人民皆長大平正。有
類中國。故謂之大秦。
土多金銀奇寶。有夜光璧。明月
珠。駭雞犀。珊瑚。虎魄。琉璃。琅玕。
朱丹。青碧。刺金縷繡。織成金縷
罽。雜色綾。作黃金塗。火浣布。又
有細布。或言水羊毳。野蠶繭所

作也。合會諸香。煎其汁以為蘇
合。凡外國諸珍異皆出焉。
以金銀為錢。銀錢十當金錢一。與
安息。天竺交市於海中。利有十
倍。其人質直。市無二價。穀食常
賤。國用富饒。鄰國使到其界
首者。乘驛詣王都。至則給以金
錢。其王常欲通使於漢。而安息

欲以漢繒綵與之交市。故遮閡
不得自達。至桓帝延熹九年。大
秦王安敦遣使自日南徼外獻象
牙。犀角。瑇瑁。始乃一通焉。其所
表貢。並無珍異。疑傳者過焉。

西域传（节选）①

南朝宋·范晔

西域内属诸国，东西六千余里，南北千余里，东极玉门、阳关，西至葱领。其东北与匈奴、乌孙相接。南北有大山，中央有河。其南山东出金城，与汉南山属焉。其河有两源，一出葱领东流，一出于窴南山下北流，与葱领河合，东注蒲昌海。蒲昌海一名盐泽，去玉门三百余里。

自敦煌西出玉门、阳关，涉鄯善，北通伊吾千余里，自伊吾②北通车师前部高昌壁千二百里，自高昌壁北通后部金满城五百里。此其西域之门户也，故戊己校尉③更互屯焉。伊吾地宜五谷、桑麻、蒲萄。其北又有柳中，皆膏腴之地。故汉常与匈奴争车师、伊吾，以制西域焉。

自鄯善逾葱领出西诸国，有两道。傍南山北，陂河西行至莎车，为南道。南道逾葱领，则出大月氏、安息之国也。自车师前王庭随北山，陂河西行至疏勒，为北道。北道西逾葱领，出大宛、康居、奄蔡焉。

出玉门，经鄯善、且末、精绝④三千余里至拘弥。

拘弥国居宁弥城，去长史所居柳中四千九百里，去洛阳万二千八百里。领户二千一百七十三，口七千二百五十一，胜兵千七百六十人。

顺帝永建四年，于窴王放前杀拘弥王兴，自立其子为拘弥王，而遣使者贡献于汉。敦煌太守徐由上求讨之，帝赦于窴罪，令归拘弥国，放前不肯。阳嘉元年，徐由遣疏勒王臣盘发二万人击于窴，破之，斩首数百级，放兵大掠，更立兴宗人成国为拘弥王而还。至灵帝熹平四年，于窴王安国攻拘弥，大破之，杀其王，死者甚众。戊己校尉、西域长史各发兵辅立拘弥侍子定兴为王。时人众裁有千口。其国西接于窴三百九十里。

于窴国，居西城，去长史所居五千三百里，去洛阳万一千七百里。领户三万二千，口八万三千，胜兵三万余人。

建武末，莎车王贤强盛，攻并于窴，徙其王俞林为骊归王。明帝永平中，于窴将休莫霸反莎车，自立为于窴王。休莫霸死，兄子广德立，后遂灭莎车，其国转盛。从精绝西北至疏勒十三国皆服从。而鄯善王亦始强盛。自是南道目葱领以东，唯此二国为大。

顺帝永建六年，于窴王放前遣侍子诣阙贡献。元嘉元年，长史赵评在于窴病痈死，评子迎丧，道经拘弥。拘弥王成国与于窴王建素有隙，乃语评子云：『于窴王令胡医持毒药着创中，故致死耳。』评子信之，还入塞，以告敦煌太守马达。明年，以王敬代为长史，达令敬隐核其事。敬先过拘弥，成国复说云：『于窴国人欲以我为王，今可因此罪诛建，于窴必服矣。』敬贪立功名，且受成国之说，前到于窴，设供具请建，而阴图之。或以敬谋告建，建不信，曰：『我无罪，王长史何为欲杀我？』旦日，建从官属数十人诣敬。坐定，建起行酒，敬叱左右执之，吏士并无杀建意，官属悉得突走。时成国主簿秦牧随敬在会，持刀出曰：『大事已定，何为复疑？』即前斩建。于窴侯将输僰等遂会兵攻敬，敬持建头上楼宣告曰：『天子使我诛建耳。』于窴侯将遂焚营舍，烧杀吏士，上楼斩敬，悬首于市。输僰欲自立为王，国人杀之，而立建子安国焉。马达闻之，欲将诸郡兵出塞击于窴，桓帝不听，征达还，而以宋亮代为敦煌太守。亮到，开募于窴，令自斩输僰。时输僰死已经月，乃断死人头送敦煌，而不言其状。亮后知其诈，而竟不能出兵。于窴恃此遂骄。

自于窴经皮山，至西夜、子合、德若焉。

西夜国一名漂沙，去洛阳万四千四百里。户二千五百，口万余，胜兵三千人。地生白草，有毒，国人煎以为药，傅箭镞，所中即死。《汉书》中误云西夜、子合是一国，今各自有王。

子合国居呼鞬谷。去疏勒千里。领户三百五十，口四千，胜兵千人。

德若国领户百余，口六百七十，胜兵三百五十人。东去长史居三千五百三十里，去洛阳万二千一百五十里，与子合相接。其俗皆同。

自皮山西南经乌秅，涉悬度，历罽宾，六十余日行至乌弋山离国，地方数千里，时改名排持。

复西南马行百余日至条支。

条支国城在山上，周回四十余里。临西海，海水曲环其南及东北，三面路绝，唯西北隅通陆道。土地暑湿，出狮子、犀牛、封牛、孔雀、大雀。大雀，其卵如瓮。转北而东，复马行六十余日至安息。后役属条支，为置大将，监领诸小城焉。

安息国居和椟城，去洛阳二万五千里。北与康居接，南与乌弋山离接。地方数千里，小城数百，户口、胜兵最为殷盛。其东界木鹿城，号为小安息，去洛阳二万里。

章帝章和元年，遣使献师子、符拔。符拔形似麟而无角。和帝永元九年，都护班超遣甘英使大秦[5]，抵条支。临大海欲度，而安息西界船人谓英曰：『海水广大，往来者逢善风三月乃得度，若遇迟风，亦有二岁者，故入海人皆赍三岁粮。海中善使人思土恋慕，数有死亡者。』英闻之乃止。十三年，安息王满屈复献师子及条支大鸟，时谓之安息雀。

自安息西行三千四百里至阿蛮国。从阿蛮西行三千六百里至斯宾国。从斯宾南行度河，又西南至于罗国九百六十里，安息西界极矣。自此南乘海，乃通大秦。其土多海西珍奇异物焉。

大秦国一名犁鞬，以在海西，亦云海西国。地方数千里，有四百余城。小国役属者数十。以石为城郭。列置邮亭，皆垩塈之。有松柏诸木百草。人俗力田作，多种树蚕桑。皆髡头而衣文绣，乘辎軿白盖小车，出入击鼓，建旌旗幡帜。

所居城邑，周圜百余里。城中有五宫，相去各十里。宫室皆以水精为柱，食器亦然。其王日游一宫，听事五日而后遍。常使一人持囊随王车，人有言事者，即以书投囊中，王至宫发省，理其枉直。各有官曹文书。置三十六将，皆会议国事。其王无有常人，皆简立贤者。国中灾异及风雨不时，辄废而更立，受放者甘黜不怨。其人民皆长大平正，有类中国，故谓之大秦。

土多金银奇宝，有夜光璧、明月珠、骇鸡犀、珊瑚、虎魄、琉璃、琅玕、朱丹、青碧。刺金缕绣，织成金缕罽，杂色绫。作黄金涂、火浣布。又有细布，或言水羊毳，野蚕茧所作也。合会诸香，煎其汁以为苏合。凡外国诸珍异皆出焉。

以金银为钱，银钱十当金钱一。与安息、天竺交市于海中，利有十倍。其人质直，市无二价。谷食常贱，国用富饶。邻国使到其界首者，乘驿诣王都，至则给以金钱。其王常欲通使于汉，而安息欲以汉缯彩与之交市，故遮阂不得自达。至桓帝延熹九年，大秦王安敦⑥遣使自日南徼外献象牙、犀角、瑇瑁，始乃一通焉。其所表贡，并无珍异，疑传者过焉。

解题 ○ 范晔（385—445），字蔚宗，顺阳（今河南淅川）人，南朝宋史学家，著有《后汉书》，素以文采著称。《后汉书·西域传》记载了东汉在西汉基础上继续经营西域、坚持对外交流的历程，其中两处记录尤其重要。一是和帝永元九年（97），班超遣甘英出使大秦（罗马帝国），甘英抵西海（一说地中海，一说波斯湾）而还。二是桓帝延熹九年（166），大秦王安敦遣使至中国。两则记录反映出汉朝与罗马这东、西两大帝国的交流，亦彰显出丝绸之路的伟大意义。

① 选自《后汉书》，中华书局1965年版，第2914—2920页。

② 伊吾：古地名，西域门户，约在今新疆哈密市西四堡。

③ 戊己校尉：官名，西汉元帝时屯田车师，置戊己校尉，掌管屯田事务，为屯田区最高长官。

④ 且末：西域古国名，约在今车尔臣河流域，东汉末被鄯善兼并。精绝：西域古国名，约在尼雅河流域，后为鄯善吞并。

⑤ 大秦：古国名，即罗马帝国。395年罗马帝国分裂，大秦常指东罗马帝国。

⑥ 安敦：古大秦王，曾于东汉延熹九年（166）遣使至中国，一般认为其人即古罗马皇帝马可·奥勒留（*Marcus Aurelius*），公元161—180年在位。

奉和送金城公主適西蕃應制

唐 張說

青海和親日，潢星出降時。
戎王子婿寵，漢國舊家慈。
春野開離宴，雲天起別詞。
空彈馬上曲，詎減鳳樓思。

奉和送金城公主应制①

唐·张说

青海和亲日，潢星②出降时。戎王子婿宠，汉国舅家③慈。

春野开离燕，云天起别词。空弹马上曲，讵减凤楼悲。

解题〇 张说（667—731），字道济、说之，唐代河东（今属山西）人，为武后、中宗、睿宗、玄宗四朝重臣，玄宗时任中书令，封燕国公，有《张燕公集》。他擅长文辞，当时朝廷重要文件多出其手，与苏颋（袭封许国公）并称为『燕许大手笔』。景龙四年（710）金城公主出嫁吐蕃时，唐中宗专命大臣赋诗送别，现存十七首，此为其中之一。

① 选自《张说集校注》，中华书局2013年版，第37页。

② 潢星：天潢星，古代借指皇室。

③ 戎王：指吐蕃赞普。舅家：因唐蕃和亲，故唐皇为吐蕃赞普之舅家。又因唐人诗中惯于以汉代唐，故此处云『汉国』。

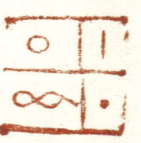

奉和送金城公主適西蕃應制

唐　李嶠

漢帝撫戎臣。絲言命錦輪。還將弄
機女。遠嫁織皮人。曲怨關山月。妝消
道路塵。所嗟穠李樹。空對小榆春。

奉和送金城公主适西蕃应制[1]

唐·李峤

汉帝抚戎臣，丝言命锦轮。还将弄机女，远嫁织皮人[2]。
曲怨关山月，妆消道路尘。所嗟秾李树[3]，空对小榆春。

解题〇 李峤（约645—约714），字巨山，唐代赵州赞皇（今河北赞皇县）人，历仕高宗、武后、中宗三朝，官至中书令，今存《李峤杂咏》二卷。此诗亦为金城公主出嫁时送别之诗。

① 选自《李峤诗注》，上海古籍出版社1995年版，第75页。

② 弄机女：即天孙织女，此处代指金城公主。织皮人：指吐蕃赞普。因唐人服饰为丝织品，吐蕃苦寒以皮服为尚，故此处一语双关，以『弄机女』和『织皮人』指代双方。

③ 所嗟秾李树：语出《诗经·何彼秾矣》：『何彼秾矣，唐棣之华。曷不肃雍，王姬之车。何彼秾矣，华如桃李。平王之孙，齐侯之子。』

使至塞上

唐 王維

單車欲問邊。屬國過居延。征蓬出漢塞。歸鴈入胡天。大漠孤煙直。長河落日圓。蕭關逢候騎。都護在燕然。

使至塞上[1]

唐·王维

单车欲问边，属国过居延[2]。征蓬出汉塞，归雁入胡天。
大漠孤烟直，长河落日圆。萧关[3]逢候骑，都护在燕然。

解题 ○ 此诗系王维奉命赴边疆慰问将士途中所作的一首纪行诗，记述出使塞上的旅程以及旅程中所见的塞外风光。

① 选自《王维集校注》，中华书局2015年版，第133页。

② 居延：地名，汉代称居延泽，唐代称居延海，在今内蒙古额济纳旗北境。又西汉张掖郡有居延县，故城在今额济纳旗东南。

③ 萧关：古关名，又名陇山关，故址在今宁夏固原东南。

賜新羅王

唐 李隆基

四維分景緯。萬象含中樞。玉帛遍天下。梯航歸上都。緬懷阻青陸。歲月勤黃圖。漫漫窮地際。蒼蒼連海隅。興言名義國。豈謂山河殊。使去傳風教。人來習典謨。衣冠知奉禮。忠信識尊儒。誠矣天其鑑。賢哉德不孤。擁旄同作牧。厚貺比生芻。

益重青青志。風霜恒不渝。

赐新罗王①

唐·李隆基

四维分景纬，万象含中枢。玉帛遍天下，梯杭归上都。
缅怀阻青陆，岁月勤黄图。漫漫穷地际，苍苍连海隅。
兴言名义国，岂谓山河殊。使去传风教，人来习典谟。
衣冠知奉礼，忠信识尊儒。诚矣天其鉴，贤哉德不孤。
拥旄同作牧，厚贶比生刍②。益重青青志，风霜恒不渝。

解题○ 李隆基（685—762），即唐玄宗，又因谥至道大圣大明孝皇帝，故又史称唐明皇。在位四十五年，前期励精图治，使唐朝进入空前强盛之阶段，后期懈怠朝政，致招安史之乱，成为唐代历史的转折点。天宝十五年（756），唐玄宗避乱于蜀，有新罗使臣来朝，玄宗为赋此诗，以彰其国之忠诚。

① 选自《丝绸之路诗词集》，甘肃文化出版社2018年版，第22页。

② 生刍：语出《诗经·白驹》："生刍一束，其人如玉。"以表示新罗人贡。

送于中丞使回紇冊立　唐　賈島

君立天驕發使車。冊文字字著金
書。漸通青塚鄉山盡。欲達皇情
譯語初。調角寒城邊色動，霜
秋磧鴈行疎。旌旗來往幾多日。應
向途中見歲除。

送于中丞使回纥册立[1]

唐·贾岛

君立天骄[2]发使车，册文字字着金书。
渐通青冢[3]乡山尽，欲达皇情译语初。
调角寒城边色动，下霜秋碛雁行疏。
旌旗来往几多日，应向途中见岁除。

解题〇贾岛（779—843），字浪仙，一作阆仙，唐代范阳（今北京西南）人，初落拓为僧，名无本，后还俗，屡举进士不第。曾任长江主簿，世称贾长江，有《长江集》。唐敬宗宝历元年（825）春，遣司门郎中于人文去回骶册立曷萨特勒为昭礼可汗，本诗即纪此事。作者将这次册封的重要性与出使途中的劳苦结合起来，既有称颂慰勉之意，亦表达出对册立之举的赞同。

①选自《长江集新校》，上海古籍出版社1983年版，第108页。

②天骄：汉代时匈奴单于自称为『天之骄子』，后来称某些北方强盛的民族或其君主。

③青冢：指王昭君墓。在今内蒙古自治区呼和浩特市南。传说当地多白草而此冢独青，故名。

送高行人使琉球

明　唐順之

天王玉冊頒三殿。漢使星槎下百蠻。鬼國至至通象貢。樓船何處度龍關。海迷南北惟憑日。雲起蓬壺忽見山。壯志不辭經歲去。安流應是計程還。

送高行人使琉球[1]

明・唐顺之

天王玉册颁三殿，汉使星槎下百蛮[2]。
鬼国至今通象贡，楼船何处度龙关。
海迷南北惟凭日，云起蓬壶忽见山。
壮志不愁经岁去，安流应是计程还。

解题 ○ 唐顺之（1507—1560），字应德，号荆川，明代武进（今江苏常州）人，明代诗人，嘉靖进士，曾督师浙江抗倭，于文学上属唐宋派，有《荆川集》。嘉靖十一年（1532），陈侃、高澄奉命册封琉球王国，归来二人著《使琉球录》，此诗题中高行人即为高澄。

① 选自《唐顺之集》，浙江古籍出版社 2014 年版，第 32 页。
② 此句实写嘉靖帝册封琉球，陈侃、高澄奉使出行。

明史鄭和傳　節選　清　張廷玉

鄭和。雲南人。世所謂三保太監者也。初事燕王於藩邸。從起兵有功。累擢太監。

成祖疑惠帝亡海外。欲蹤跡之。且欲耀兵異域。示中國富強。永樂三年六月命和及其儕王景弘等通使

西洋將士卒二萬七千八百餘人多
齎金幣造大舶修四十四丈廣十八丈
者六十二自蘇州劉家河泛海至福
建復自福建五虎門揚帆首達占
城以次徧歷諸番國宣天子詔因
給賜其君長不服則以武懾之五
年九月和等還諸國使者隨和
朝見和獻所俘舊港酋長帝大

悅。爵賞有差。舊港者。故三佛齊國也。其酋陳祖義。剽掠商旅。和使使招諭。祖義詐降。而潛謀邀劫。和大敗其衆。擒祖義。獻俘。戮於都市。

六年九月再往錫蘭山。國王亞烈苦柰兒誘和至國中。索金幣。發兵劫和舟。和覘賊大衆既出。國內虜。卒所統二千餘人。出不意攻破其城。生擒亞烈苦柰兒及其妻子官屬。勃和舟者聞之。還自救。官軍復大破之。九年六月。獻俘於朝。帝赦不誅。釋歸國。是時。交阯已破滅。郡縣其地。諸郡益震讋。來者日多。

十年十一月復命和等往使。至蘇門

答剌。其前偽王子蘇幹剌者。方
謀弒主自立。怒和賜不及己。率兵邀
擊官軍。和力戰。追擒之喃渤利。
並俘其妻子。以十三年七月還朝。
帝大喜。賚諸將士有差。
十四年冬。滿剌加。古里等十九國咸
遣使朝貢。辭還。復命和等偕往。
賜其君長。十七年七月還。十九年

奉復往。明年八月還。二十二年正月。
舊港酋長施濟孫請襲宣慰使
職。和齎敕印往賜之。比還。而成祖已
晏駕。洪熙元年。仁宗命和以下番
諸軍守備南京。南京設守備。自
和始也。宣德五年六月。帝以踐阼
歲久。而諸番國遠者猶未朝貢。於
是和。景弘復奉命歷忽魯謨斯

等十七國而已。
和經事三朝。先後七奉使。所歷占
城。爪哇。真臘。舊港。暹羅。古里。滿剌
加。渤泥。蘇門答剌。阿魯。柯枝。大葛
蘭。小葛蘭。西洋瑣里。瑣里。加異勒。
阿撥把丹。南巫里。甘把里。錫蘭山。
喃渤利。彭亨。急蘭丹。忽魯謨斯。
比剌。溜山。孫剌。木骨都束。麻林。

剌撒祖法兒沙里灣泥竹步榜
葛剌天方黎伐那孤兒凡三十餘
國所取無名寶物不可勝計而
中國耗廢亦不貲自宣德以還遠
方時有至者要不如永樂時而和亦
老且死自和後凡將命海表者莫
不盛稱和以誇外番故俗傳三保太
監下西洋為明初盛事云

明史郑和传（节选）[1]

清·张廷玉

郑和，云南人，世所谓三保太监者也。初事燕王于藩邸，从起兵有功，累擢太监。

成祖疑惠帝[2]亡海外，欲踪迹之，且欲耀兵异域，示中国富强。永乐三年六月命和及其侪王景弘等通使西洋。将士卒二万七千八百余人，多赍[3]金币。造大舶，修四十四丈、广十八丈者六十二。自苏州刘家河泛海至福建，复自福建五虎门扬帆，首达占城，以次遍历诸番国，宣天子诏，因给赐其君长，不服则以武慑之。五年九月，和等还，诸国使者随和朝见。和献所俘旧港酋长。帝大悦，爵赏有差。旧港者，故三佛齐国也，其酋陈祖义，剽掠商旅。和使使招谕，祖义诈降，而潜谋邀劫。和大败其众，擒祖义，献俘，戮于都市。

六年九月再往锡兰山。国王亚烈苦柰儿诱和至国中，索金币，发兵劫和舟。和觇贼大众既出，国内虚，率所统二千余人，出不意攻破其城，生擒亚烈苦柰儿及其妻子官属。劫和舟者闻之，还自救，官军复大破之。九年六月献俘于朝。帝赦不诛，释归国。是时，交阯已破灭，郡县其地，诸邦益震詟，来者日多。

十年十一月复命和等往使，至苏门答剌。其前伪王子苏干剌者，方谋弑主自立，怒和赐不及己，率兵邀击官军。和力战，追擒之喃渤利，并俘其妻子，以十三年七月还朝。帝大喜，赉诸将士有差。

十四年冬，满剌加、古里等十九国咸遣使朝贡，辞还。复命和等偕往，赐其君长。十七年七月还。十九年春复往，明年八月还。二十二年正月，旧港酋长施济孙请袭宣慰使职，和赍敕印往赐之。比还，而成祖已晏驾。洪熙元年，仁宗命和以下番诸军守备南京。南京设守备，自和始也。宣德五年六月，帝以践阼岁久，而诸番国远者犹未朝贡，于是和、景弘复奉命历忽鲁谟斯等十七国而还。

和经事三朝④，先后七奉使⑤，所历占城、爪哇、真腊、旧港、暹罗、古里、满剌加、渤泥、苏门答剌、阿鲁、柯枝、大葛兰、小葛兰、西洋琐里、琐里、加异勒、阿拨把丹、南巫里、甘把里、锡兰山、喃渤利、彭亨、急兰丹、忽鲁谟斯、比剌、溜山、孙剌、木骨都束、麻林、剌撒、祖法儿、沙里湾泥、竹步、榜葛剌、天方、黎伐、那孤儿，凡三十余国。所取无名宝物，不可胜计，而中国耗废亦不赀。自宣德以还，远方时有至者，要不如永乐时，而和亦老且死。自和后，凡将命海表者，莫不盛称和以夸外番，故俗传三保太监下西洋，为明初盛事云。

解题 ○ 张廷玉（1672—1755），字衡臣，号研斋，清代安徽桐城人，康熙进士，官至保和殿大学士、军机大臣。《明史》为其任总裁时告成，系『二十四史』中最后一部。《郑和传》选自《明史》列传第一百九十二，选篇介绍了郑下西洋之始末，对其所经海外诸国及其路线有着明确记录，是了解海上丝绸之路及中国古代海上交通的重要文献。

① 选自《明史》，中华书局 1974 年版，第 7766—7768 页。
② 惠帝：即明建文帝，明成祖朱棣发动『靖难之役』夺取皇位后下落不明。
③ 赍（音机）：怀、抱。
④ 三朝：指明成祖永乐、明仁宗洪熙、明宣宗宣德三朝。
⑤ 七奉使：郑和先后于永乐三年（1405）、永乐五年（1407）、永乐七年（1409）、永乐十年（1412）、永乐十四年（1416）、永乐十九年（1421）、宣德五年（1430）七次下西洋。

甲辰仲春書絲路情之五

協和萬邦 四海同體 於金陵

未了齋主人 時年六十有九

孫曉雲

图书在版编目（CIP）数据

丝路情 / 孙晓云书；许结主编. -- 南京：江苏凤凰美术出版社，2024.6 -- ISBN 978-7-5741-2038-9

Ⅰ. J292.28

中国国家版本馆CIP数据核字第2024M443X7号

策　　划　王林军

责任编辑　曹智滔

书籍设计　周伟伟

责任校对　王　煦

责任监印　张宇华　生　媛

责任设计编辑　郭　渊

书　　名　丝路情

主　　编　许　结

书　　法　孙晓云

选文编注　刘天宇

出版发行　江苏凤凰美术出版社（南京市湖南路1号　邮编：210009）

制　　版　南京新华丰制版有限公司

印　　刷　苏州工业园区美柯乐制版印务有限责任公司

开　　本　889 mm × 1194 mm　1/16

印　　张　31

版　　次　2024年6月第1版

印　　次　2024年6月第1次印刷

标准书号　ISBN 978-7-5741-2038-9

定　　价　298.00元

营销部电话　025-68155675　营销部地址　南京市湖南路1号

江苏凤凰美术出版社图书凡印装错误可向承印厂调换